LA DEPRESIÓN

Su causa y remedio

Copyright © EDIMAT LIBROS, S. A.
C/ Primavera, 35
Polígono Industrial El Malvar
28500 Arganda del Rey
MADRID-ESPAÑA

ISBN: 84-9764-338-0
Depósito legal: CO-1107-2004

Colección: Superación personal
Título: La depresión
Autor: Mariano González Ramírez
Diseño de cubierta: Visión Gráfica
Impreso en: Graficromo S. A.

IMPRESO EN ESPAÑA – *PRINTED IN SPAIN*

LA DEPRESIÓN

Su causa y remedio

Mariano González Ramírez

INTRODUCCIÓN

¿Quién está capacitado para escribir un libro como éste, aparte de los psicólogos o los psiquiatras? ¿Puede escribirlo alguien que haya superado esta enfermedad por su cuenta? ¿Puede escribirlo alguien que haya estado dominado por las profundas y negativas fuerzas de la depresión?

Me atrevo a escribir este libro, con la inseguridad de poder ayudarte. Desde mi más profunda sinceridad te digo que no sé si te servirá lo que voy a escribir en estas páginas. Lo mío es sencillamente una experiencia personal y no puedo creer que solucione todos tus problemas de depresión. No quiero que pienses tampoco que soy un especialista que está liberado de sus traumas vitales, no; sólo soy un hombre que ha vivido en el infierno de la tristeza profunda durante mucho tiempo.

¿Quién puede hablar del infierno? Sólo aquel que ha estado en él y éste va a ser mi fuente de inspiración, porque la depresión es un desequilibrio fisiológico que nos hunde en el sufrimiento más terrible. Es el infierno que nos incita a morir.

Desde mi más tierna infancia hasta la edad adulta sufrí la depresión en mi vida y sé del sufrimiento que habita en el interior del ser humano que la padece. Todavía, a mis cuarenta y cinco años, revolotean los momentos angustiosos, pero lo más importante es que soy consciente de ellos. Yo les llamo mis dolores de cabeza y duran un tiempo limitado en comparación con las terribles crisis con las que tuve que enfrentarme en mi infancia y mi juventud, sin saber que eran «depresiones». O, como dicen los psiquiatras, «depresiones endógenas o exógenas».

Mi vida ahora no es un camino de rosas, cada día surgen multitud de inconvenientes que me hacen reaccionar y me deprimen, pero es distinto a épocas pasadas cuando no tenía conciencia de lo que ocurría, ni capacidad de análisis, ni criterios suficientes para saber las causas de mis terribles tristezas... Ahora llevo el control de los aspectos que interfieren en mi vida de paz y equilibrio interior, pero no es fácil, vuelvo a repetirlo; tampoco imposible. La complejidad de la vida nos altera desde fuera y hay que estar muy despiertos para saber cómo nos afectan las circunstancias ajenas a nosotros. Pero no solamente estas circunstancias nos dejan sus huellas, lo realmente serio es nuestro complejo mundo interior. Dentro de nosotros existe un hervidero de procesos imaginativos, biológicos y emocionales, que son como losas pesadas que pueden hundirnos en la más triste de las miserias. La verdad es que los hombres y mujeres depresivos fuimos marcados para siempre. La huella de la tristeza se incrustó en todas las células de nuestro cuerpo, cubriéndolas con el velo negro del pesimismo y de la muerte. Porque la depresión borra la ilusión y las ganas profundas de vivir y sólo el morir se revela como la liberación del sufrimiento. Es un estado del ánimo amargo, sombrío y doloroso que pone a prueba la fortaleza del cuerpo y de la mente, y transforma al individuo en un ser «especial». Nada tiene sentido ya en el mundo atormentado de un ser deprimido. Todo se vuelve tortuoso y empinado, imposible de escalar. El negativismo ahoga las fuerzas vitales y se siente el vacío existencial mortificante. ¿Os podéis creer que en mi más tierna infancia sentí vacío y aburrimiento existencial? Así es. Recuerdo, cuando tenía nueve años, sentir el tiempo y la vida como algo inútil. Era la depresión la causa de mi desinterés y aburrimiento. ¿Qué influyó en mi vida para ser un niño triste? No lo sé. Nunca descubriré las raíces de la flor gris negruzca, triste…, que nació en mi interior, para hacer de mi existencia un minusválido psíquico. Lo peor de todo es que no sabía que era un enfermo. Nadie se dio cuenta de mi aflicción. Mi madre no podía creer que ya a tan temprana edad se padeciera tanta angustia. Mi familia me dio todo su amor, pero también me influyeron sus penalidades. Aquel niño llamado Marianín, quizá era demasiado sensible y se contagió de la dureza del sufrimiento de unos padres que luchaban por sobrevivir en un mundo hostil y de necesidades económicas. ¡Qué duro era sentir la voz angustiada de mi madre y ver a mi padre preocupado hablando solo, cavilando para ganar el pan, sin un oficio ni estudios que le facilitaran ganarse la vida con normalidad! Nunca me faltó de nada, me criaron como un niño protegido. Un niño de papá pobre al que no le faltó amor y protección. Pero mi fondo estaba horadado por un mal al que en aquel tiempo nadie daba importancia. Las enfermedades del interior eran poco conocidas y la tristeza era normal. Muchos seres humanos andaban tristes por la vida y no les pasaba nada. «Mal de muchos, consuelo de tontos.» Pero yo me sentía el único ser triste. Con el tiempo fui descubriendo que aquel mal se extendía por el mundo y yo salía de él para verlo, habiendo estado en los abismos de su interior. Del sufrimiento mental invadido de fantasmas obsesivos, oscuros, amargos y amenazadores, sé mucho, y te puedo asegurar que a estas alturas he conseguido controlar mi vida. He desarrollado capacidades biológicas y psíquicas para percibir mínimas causas que puedan desencadenar la desestabilización de mi estado de ánimo en las diversas circunstancias de la vida.

Yo sé cómo te encuentras amigo, amiga mía; entiendo tu sufrimiento y las ganas de morir que tienes, pero aférrate a la vida porque si quieres puedes vivir de otra forma, en la otra dimensión mental donde las emociones se revelan positivas, vitales…, y la vida adquiere sentido. Merece la pena venir a este mundo y estar alegre, aunque sea solamente para verlo. Somos como un rayo de conciencia y andamos un camino, el que elijamos, con todos sus inconvenientes y las capacidades con que la naturaleza nos ha dotado.

Muchas veces pienso que todo mi calvario en la depresión ha sido beneficioso, porque soy distinto y capaz de ver y comprender cosas que la mayoría normal y optimista no ve, ni entiende, ni siente. De esta forma mi vida tiene sentido desde principio a fin y me alegro de haber superado la difícil prueba que he tenido que soportar, para comprenderte y ayudarte a ti, niño, joven, adulto y adorable persona mayor que estás tan apesadumbrado, desconfiando de ti mismo y de la naturaleza entera que te ha dotado para poder vivir alegre y feliz.

Cuando me encontraba tan mal, necesitaba ayuda. Mi deseo era encontrar hombres o mujeres sabios, que me escucharan y me dieran su cariño. Necesitaba contar a alguien todos los pensamientos y preocupaciones que me esclavizaban. Mi esperanza estaba en encontrar un buen psiquiatra que con sus conocimientos me liberara, pero sólo encontré mediocres personajes que me tranquilizaban con inyecciones y fármacos. ¡Qué desilusión! Los medicamentos son importantes, pero el afecto lo es más. Cuando recuerdo a aquellos especialistas fríos y sin sentimientos me surge, sin poder remediarlo, resentimiento hacia ellos. Su inhumana e inoperante actitud sólo sirve para hundir más profundamente al enfermo en el fango de la tristeza. Ellos, que son la esperanza, están mercantilizados hasta el cuello y se pudren y congelan en pragmatismos e ideas nihilistas, de dinero y «materialismo reduccionista», donde la comodidad y la ignorancia simplifican y reducen toda la existencia a pura bioquímica.

Los que desempeñan esta profesión, deberían saber lo necesarias que son las vibraciones afectivas emitidas desde todas las energías que hacen que la materia viva. Es de vital importancia, para los débiles mentales, que no se extingan los doctores en psiquiatría y psicólogos que desde su interior aman su profesión. Todos los enfermos mentales suplican, desde el más horrible de los sufrimientos, que se les ayude. ¡Preparaos!, que vuestro corazón vuelva a latir lleno de compasión y se ablanden vuestras molleras, médicos mortales que sólo sabéis extender la receta del fármaco de futura adicción.

EL AUTOR

CAPÍTULO I

EL SIGLO XX, LA ERA
DE LA DEPRESIÓN

*«La palabra depresión significa hundimiento o aba-
timiento. Lo que se hunde en la enfermedad depresiva es
la vitalidad del ser, que se encuentra en una encrucija-
da entre el cuerpo y la mente. Asimismo, se produce una
inhibición de todas las funciones vitales, tanto las somáticas como las psíquicas.*
*La propia ciencia ha tenido que vencer serias difi-
cultades para establecer el concepto y los límites de ese
grupo de enfermedades o afecciones que conforman el
síndrome depresivo.»*

DR. FRANCISCO ALONSO-FERNÁNDEZ

No sé si es suerte o desgracia haber nacido en este
mundo y concretamente en el siglo pasado. Yo me alegro desde luego, a pesar de mis tristezas, de haber tenido el privilegio de la existencia. Otros no tuvieron tanta suerte y permanecen en la nada sin la oportunidad de
ser conscientes de tanta maravilla. Yo soy, quizá, una

casualidad, como todos los que tenemos el privilegio de haber nacido. La vida es como una aventura, donde somos lo que tenemos que ser y, por más que nos empeñemos en lo contrario, siempre seremos lo mismo. Lo que sea será, mal que nos pese, y no valen elucubraciones dogmáticas. Ninguna mente humana podrá crear otra realidad distinta a la que es. Y hasta ahora todo permanece en el misterio —así pienso tantas veces—. A pesar de haber sufrido, reconozco la grandeza y el milagro de vivir.

Nacemos, y uno de los sentidos más profundos y de equilibrio es despertar para darnos cuenta de que nuestra vida tiene sentido. Cuando somos capaces de descubrir el motivo por el cual estamos aquí, empezamos a crecer con rumbo y destino. Eso dicen los grandes místicos y sabios de todos los tiempos. La verdad es que despertar siempre entraña un riesgo. Verlo todo no es muy saludable, pero en muchas ocasiones es mejor pasar la vida dormidos, concentrados en los aspectos simples, sin intención de profundizar ni lo más mínimo. Si el mundo es así, ¿por qué vamos a preocuparnos de que sea de otra forma? Así, nos inhibimos a lo que consideramos malo y puede dañar nuestro quebradizo interior. ¿Acaso esto es egoísmo? Es deprimente *ver*, sólo los más fuertes lo resisten, los que tienen en su interior el poder del amor; de otra manera, nos perdemos los motivos y las razones por las que estamos aquí. El conocimiento es la gran abertura que abrimos en el inmenso misterio de la vida, pero, a pesar de todo, todavía no hemos podido saber qué puñetas hacemos aquí, y nos consolamos con pensar que, aquello que nos reserva la causa primera que nos creó, no será del todo malo, quizá sea una experiencia realmente sorprendente y cargada de sentido despertar a tantas incógnitas. ¿Será esto cierto o sólo un engaño para pasar la vida distraídos, sin que nos venza la depresión de pensar en la nada? La conciencia de la existencia es un misterio y nosotros los humanos quizá seamos los únicos seres vivos que pueden penetrar y sondear los misterios increíbles que nos han traído hasta aquí. Así pienso, pero me lleno de dudas y me siento morir por dentro, cuando me abrasa la realidad del mundo y su crudeza. Esta realidad que ven mis ojos no me gusta y me enferma. No son los terremotos, las tormentas, los huracanes, los volcanes ni los animales salvajes los que me inquietan. Es el propio ser humano el que ha producido en mí gran preocupación y graves vibraciones depresivas. Esta era es infame y la mayoría de seres que hemos despertado un poco lo sabemos. Es la era de la depresión, que el propio hombre ha creado para destruirse a sí mismo. ¡Qué fácil es que desaparezca una civilización! Cuando ella misma se da cuenta de que no tiene sentido, se autoaniquila. Quizá la depresión sea una señal evidente de que el ser humano lo está haciendo francamente mal, porque los síntomas son evidentes y delatan el infortunio de ser lo que somos: la peste del planeta. Me apena sentir esta realidad, pero es evidente, porque lo más profundo del ser humano se está pudriendo en la decadencia que él mismo fomenta. Ésa es una de las causas de la falta de sentido, el terrible giro hacia la soberbia, la avaricia, la insensibilidad, el odio, el egoísmo… que unos pocos, los más poderosos, ejercen sobre todo el conjunto de la humanidad con su poder nefasto.

De niño supe comprender que vivir no era un camino de rosas. Unos y otros iban enfermando o muriendo. Aquello era más serio de lo que pensaba. Menos mal que nací en un hogar donde los buenos sentimientos me protegieron y alzaron mi autoestima para ser lo que soy. Y aunque me entristecieron muchos de los acontecimientos circunstanciales de mi familia, doy gracias al cielo por haber caído en un hogar tan sensible, noble y bueno.

La primera muerte que me impactó fue la de Antonio, un anciano vecino del pueblo. Un día lo encontraron ahorcado. La noticia impresionó mi cerebro infantil tanto, que nunca podré borrar aquel recuerdo de la soga al cuello de un hombre que no tuvo paciencia para esperar la muerte natural. Aquel día fue turbio y golpeó sin delicadezas, sin respeto, mi alma de niño. ¿Por qué?

Algún tiempo después, la madre de mi mejor amigo moría de un ataque al corazón.

Mi abuelo José moría en los brazos de mi madre. Nunca podré olvidar su rostro pálido de muerte y el terrible sufrimiento de mi madre.

La señora María se pasó durante mucho tiempo amarilla, enferma del hígado; después moría víctima de una hepatitis.

El padre de Jacinto, otro amiguito mío, era minero y moría sepultado. Las sirenas de la mina se incrustaron en lo más profundo de mi ser. Aquella puesta de sol, de aquel fatídico día, era el rojo de la muerte. La espera del siniestro acontecer, de las noticias de la vida y de la muerte. Otros mineros salieron vivos o, en el peor de los casos, con los miembros o la espalda destrozados.

José, apodado «Jarana», minero de profesión, era un imprudente: pescaba en el río con barrenos y un día que estaba ebrio, le explotaron en las manos, destrozándole por completo.

Mi madre lloraba de sufrimiento, mi padre también. La vida era hermosa, pero de una crueldad indescriptible. Sentía mucha alegría de vivir, pero mis ojos de niño se dieron cuenta muy temprano del sufrimiento que la existencia traía consigo. ¿Por qué tenían que ser así las cosas? ¿Qué significado acompañaba a la enfermedad y la muerte? Así era la vida. Hermosa y cruel. Dañina y embriagadora. Sólo tenía diez o doce años y ya sabía demasiado de la parte negativa de la existencia.

Pasó el tiempo y mis ojos, más conscientes todavía, vieron la historia y sus terribles e insensibles azañas de muerte. ¿Qué era peor, la vida o los seres humanos, fríos, calculadores, mafiosos, terroristas, peseteros, destructivos, sanguinarios...? Ellos formaban parte del laberinto, del enigma. Y causaban dolor y angustia de vivir, más que la propia vida. A tan sólo unos años de mi nacimiento, quedaba atrás «el holocausto judío», «la bomba atómica», las catástrofes ecológicas. ¿Qué sería peor, la vida o la capacidad dañina de la insensible locura humana? A medida que mis ojos se abrían, se cerraba mi esperanza, mis ilusiones por vivir en un mundo tan terrible. No me extraña que con dieciséis años me encerrara en mi casa deprimido. ¿Sabía ya por entonces demasiado de todo lo malo? ¿Quizá era demasiado sensible para afrontar tanto descalabro? No sé qué me pasó, pero perdí el norte, y surgió odio e indignación en mis adentros, por tanta monstruosidad infame.

Hoy siguen surgiendo las noticias malas. Un bombardeo de hechos cruentos nos envenena la sangre y nos pone tristes y depresivos. ¿Qué hacer para que no nos enferme tanta información adversa?

Noticia deprimente

El día 26 de abril de 1998, una presa con agua ácida causa un desastre ecológico en Doñana. Este tipo de noticias hace años me producía depresión. Durante una semana no conseguía levantar cabeza porque era consciente del daño que se le hacía a la naturaleza. Ante tantos ataques destructivos yo siempre me hacía las mismas preguntas: ¿Dónde están los seres humanos sensiblemente profundos, con competencias, que de una vez por todas corten de raíz estos sucesos? ¿Cómo es posible que a la gente profundamente sensible se nos tache de estar en las nubes y de forma despectiva se nos llame «idealistas»?

Hechos como éste ya no me deprimen tanto. ¿Será que me he vuelto insensible ante estos acontecimientos? No, de ninguna manera. Lo que no podía era enfermar. Comprendí hace tiempo que mi organismo tenía que ser fuerte y más humano que nunca, pero no podía morir de pena por la insensatez destructiva. Si me hubiera dejado sucumbir, a estas horas no tendría capacidad ni valor, ni siquiera la certeza de escribir ningún libro. Gracias a mi valentía de salir de la depresión y la necesidad que tengo de ayudar al ser humano, estoy escribiendo muchos libros, donde me declaro lúcidamente en contra de la mierda de humanos que dirigen el mundo, las empresas, la ley, los gobiernos…

El mundo está infectado de importantes miserables que hacen de él un desencanto diario. (Mi respeto a todos los grandes profesionales humanos sensibles que desempeñan sus cargos con gran responsabilidad.)

«*Un corrimiento de tierras rompió en la madrugada de ayer la presa donde la empresa Minas de Aznalcóllar almacenaba millones de metros cúbicos de agua ácida cargada de metales pesados, cerca de Sevilla. El líquido contaminante irrumpió hacía el río Agrio, para desembocar luego en el Guadiamar. La ola sucia se desplazaba así hacia el coto de Doñana, arrasando a su paso 60 kilómetros de cauce y vida, y amenazando de muerte las marismas del coto, que reciben el agua principalmente de este río. Un desastre ecológico. La rotura se veía venir. El 20 de enero de1996, un ex directivo de Minas de Aznalcóllar reclamó a la Junta de Andalucía la inmediata clausura de la presa que reventó ayer, para evitar "un desastre natural de consecuencias incalculables". La multinacional sueca propietaria de la explotación se limitó a responder que la presa reunía todas las condiciones técnicas exigidas y que únicamente se habían producido algunas "pequeñas filtraciones". La Junta confirmó ayer que la balsa contaba con todos los estudios técnicos.*

El denunciante, el ingeniero Manuel Aguilar Campos, había sido hasta 1994 jefe de carga y transporte de Minas de Aznalcóllar e incluso participó en la construcción de la balsa. La empresa Boliden Apirsa cargó contra él cuando hizo la denuncia y le acusó de actuar por venganza.

El director de recursos humanos de la empresa Minas de Aznalcóllar, Manuel Alcaraz Sánchez, leyó ayer un comunicado según el cual "todos los datos técnicos apuntan a que dicha rotura se produjo como consecuencia de un corrimiento de tierras".

Las organizaciones ecologistas mostraron su indignación por lo sucedido y anunciaron que acudirán a los tribunales para exigir responsabilidades penales y civiles a la empresa minera. La Confederación de Ecologistas y Pacifistas de Andalucía (CEPA) ya denunció deficiencias en la construcción de la balsa en 1995, según explicó Juan Romero, portavoz en Huelva. Los conservacionistas pidieron también la dimisión y explicaciones del presidente de la Confederación Hidrográfica del Guadalquivir y de los consejeros andaluces de Industria y de Medio Ambiente. Mientras, Greenpeace ha pedido que el fiscal general del Estado, Jesús Cardenal, inicie de oficio una investigación, y Adena explicó que el río Guadiamar quedará "intensamente contaminado durante una década".

Tras sobrevolar la zona en helicóptero, la ministra de Medio Ambiente, Isabel Tocino, calificó la situación como "una catástrofe ecologista de grandes dimensiones" y anunció que "la guardia civil había empezado a tramitar las diligencias para presentar una denuncia por delito ecológico y empezar a depurar responsabilidades de todo tipo».

El 2 de mayo de 1998 se sabe que la empresa Boliden, que causó el vertido de Doñana, pagará la cosecha y eliminará los lodos. Anders Büllow, pre-

sidente de la firma y su panda de insensibles quedaran en la historia como seres guarros que dejaron su huella de insensibilidad humana. Estos importantes personajes, de capacidad mental enorme, muy inteligentes y con una memoria prodigiosa, son los cerebros disparatados que nos angustian día a día a todos los seres que tenemos sentimientos y sensibilidad. Parecen ser malditos extraterrestres que no saben valorar la inmensa belleza y la vida de nuestro planeta. Esta panda de cerebros-máquinas sólo piensan en beneficios económicos y lo demás les trae sin cuidado. Estos ejemplares son los que nos provocan tristezas y depresiones que muchas veces nos llevan al suicidio. Todos tenemos que saberlo y empezar a dudar de las altas personalidades que ocupan el poder, porque en ellos no existe humanidad. Son autómatas que cumplen con una información precisa grabada en sus sesos.

Boliden, la multinacional sueca responsable de la riada tóxica que ha afectado a 3.600 hectáreas y que provocará pérdidas por un mínimo de 1.500 millones de pesetas en el sector agrícola español, se ha visto implicada en incidentes similares en Chile y Suecia. En Chile tiene pendiente la repatriación a Suecia de 19.500 toneladas de desechos industriales, que Boliden Metal exportó hace catorce años a la ciudad de Arica, a 2.000 kilómetros al norte de Santiago, y que ha provocado problemas de salud en 15.000 familias. La mitad de los niños que viven en la zona presentaron en análisis de sangre altos contenidos de plomo, que pueden provocar desde cefaleas hasta daños neurológicos irreversibles.

Parlamentarios chilenos denunciaron el pasado abril que los cargamentos de Boliden se hicieron con datos falsos y violando el convenio de Basilea, que prohíbe la exportación de desechos tóxicos a otros países. El rótulo del cargamento establecía que el material no era tóxico, sino oro y plata. Después se descubrió el verdadero contenido: cadmio, arsénico, mercurio y plomo.

Todos son así, mentirosos y sin conciencia. *Deprimentes*. Sus actos no solamente destruyen la salud y la naturaleza. El daño más terrible lo causa la maldad insensible, que se transmite y filtra, mezclada con el lodo del interés mercantil, llenándonos de indiferencia. Al final es una trampa mortal de la inconsciencia, donde todos quizá podamos estar de acuerdo en destruir, insensiblemente y sin consideración ninguna, toda la belleza natural y humana que heredamos hace millones de años.

El desierto avanza, no me cansaré de decirlo. *Avanza por dentro y por fuera*, y tenemos que estar convencidos de lo importante que es *ser* íntegramente humanos, para que no nos afecte. Lo normal es reaccionar y eludir con la acción a esa panda de anormales soñadores de dinero. Nosotros los idealistas somos soñadores de la realidad objetiva y de otro futuro, donde el mundo esté poblado por seres humanos amantes del planeta, y no «putos extraterrestres venidos del infierno de las finanzas, de las mafias y de escuelas cursis donde sólo se enseña el estilo elitista de ganar posiciones en las más altas escalas sociales». ¿Para qué tanta tontería si está en juego el futuro de nuestro planeta? ¡Dejar de soñar, joder, y someteros a la realidad solidaria! (Perdón por los tacos, pero no puedo remediarlo.)

Perdona, amiga o amigo lector; te dará la impresión de que me he salido del tema que trata este libro, pero no es así. A mí estas cosas, cuando era más joven, me producían crisis profundas. Un tipo de depresión se apoderaba de mí durante semanas e incluso meses. No aguantaba, ni podía creer, que el mundo estuviera regido por tanta anormalidad y maldad.

Como te dije en páginas anteriores, he tenido que superar estas crisis, porque me hubieran destruido sin remedio. No me he vuelto más insensible, no, eso nunca. Lo cierto es que controlo desde dentro mis estados de ánimo y procuro que sea sufrimiento, pero no depresión. Me pongo muy triste, pero no caigo en los abismos que me llevan a la enfermedad. Sólo sé que tengo que resistir y seguir creyendo que podemos crecer en todo tipo de cosas, porque es indudable que por dentro tenemos una cantidad inimaginable de capacidades que esperan germinar y florecer. La depresión las ahoga y nos inunda de ganas de morir. *Todos los idealistas nobles tenemos que permanecer en el equilibrio, para hacer frente a los desalmados.*

Otra noticia deprimente

Desde hace algunos años no aguanto infinidad de programas de televisión. Anteriormente había sido un telespectador vocacional, ilusionado por la programación televisiva. Incluso hice imagen y comunicación, fui un aspirante a productor, hice dos series de dibujos animados para un programa infantil de TVE, realicé muchos programas industriales y cantidad de pilotos para futuros espacios infantiles. Los niños siempre fueron para mí personajes muy importantes que merecían calidad de programación y no basura inmunda. Me entusiasmaba dedicar mi tiempo para entretener y enseñar a la infancia, pero fue una tarea imposible y frustrante que abandoné decepcionado. Nadie me dio una oportunidad, en el mundo de la imagen, porque son cuatro los que controlan los medios, se llevan todo el trabajo y te roban las ideas. Me fue imposible encontrar un hueco. Toda mi ilusión se transformó en frustración y depresión, hasta que vi objetivamente el panorama desalentador y mis propias limitaciones. ¿Cómo es posible que los medios televisivos sean tan mercantilmente aberrantes e inconscientes? Ahora la televisión me produce fatiga. No aguanto el soniquete de tantas bombas, pistolas, policías, psicópatas, concursos, crítica rosa, malas noticias…, en suma, tanta basura inmunda que sólo roba la atención y el tiempo.

El día 2 de mayo de 1998 me llamó la atención una noticia estremecedora que aparecía en el periódico. ¡Era terrible! Me causó indignación la falta de escrúpulos de los medios de comunicación que la emitieron, sabiendo que miradas y sensibilidad inocente estarían en esos momentos viendo el dramático suceso.

La noticia decía así:

Televisiones de EE.UU. retransmiten en directo un suicidio en horario infantil

«Dos cadenas de televisión de Los Ángeles, KNBC y KTLA, pidieron ayer perdón a los teles-

pectadores por haber interrumpido la tarde anterior sus emisiones infantiles para retransmitir en directo la persecución policial de un hombre que terminó con su suicidio. La cobertura en directo del sangriento suceso fue difundida igualmente por la NBC a todo el territorio de los Estados Unidos.

Cientos de helicópteros —de la policía, organizaciones de socorro, empresas millonarias y cadenas de televisión— surcaban a cualquier hora del día los cielos de la inmensa metrópoli californiana. En el caso de los informadores, buscan precisamente lo que ocurrió el jueves: una persecución policial en las autopistas.

KNBC y KTLA cortaron los dibujos animados, programas pedagógicos y reportajes sobre naturaleza, para ofrecer en directo imágenes transmitidas por las cámaras de los helicópteros.

Ciento de miles de niños asistieron, pues, a la siguiente escena: Jone, un hombre trastornado al descubrir que estaba infectado con el virus del sida, en plena persecución de la policía, detuvo su camioneta en un nudo de autopistas, sacó un cartel donde se leía: "Vive libre, enamorado y seguro o muere", prendió fuego a su vehículo —en cuyo interior encerró a su perro—, caminó luego con los pantalones ardiendo, regresó a la camioneta, sacó un rifle y se pegó un tiro en la cabeza. Desde los helicópteros, las cámaras de televisión hicieron una toma cercana a la cabeza de Jone sangrando en el asfalto.»

¿No te da escalofríos y te deprime cómo entretienen los medios de comunicación, siempre a la caza de malas noticias que despierten la morbosidad y acaparen audiencia?

Cuando era un espectador ingenuamente normal, me tragaba todas las noticias malas de la televisión. Escuchaba la radio y leía los periódicos, y mi estado de ánimo se dejaba influir por el bombardeo abrumador de los *mass-media*. Estaba siempre preocupado y muy triste por las ondas expansivas de tanto crimen, desastres naturales, tanta corrupción…, todo impregnado de negativismo y desencanto. Yo era un adulto ingenuo atrapado por el negocio de la información. La vida es fatídica, pero de año en año en condiciones normales; mas los medios nos saturan todos los días con psicópatas, policías, pistolas, bombas, crímenes y maldades. «Esto no es la vida —pensé muchas veces—. No puede ser.» Los medios son verdaderamente una trampa que nos atrapa y distrae de otras realidades alegres y hermosas. Es cierto. Al darme cuenta, me liberé de un gran peso que, aunque parezca increíble, me producía depresión. No sabéis lo dañina que es la dependencia inconsciente. Impregna de información el subconsciente, sin pasar por el tamiz de la conciencia de lo que estamos viendo y oyendo. Y pienso en los niños. Fíjate en ellos, que no despegan su mirada del encadenado de imágenes y sonidos que proyecta el medio televisivo. ¿Qué piensan y sienten los directivos de esas cadenas que sólo están pendientes de los niveles de audiencia? Hay que facturar, de otra forma no tiene sentido. El negocio es lo primero. ¡Qué falta de imaginación! Ganar dinero a costa de atrapar a los niños con programas y noticias deleznables es un mal negocio y muy peligroso, porque enferman, se suicidan y matan a sus compañeros. ¿O no? ¿Cuántas noticias siniestras de niños asesinos nos han hecho enmudecer? Sólo hay que ver las series de programas y dibujos animados que se emiten, la inmensa mayoría carecen de sentimientos. Da la sensación de que son fabricados por seres inmundos, sin emociones nobles, de la gran cadena industrial de la insensibilidad. Los tiernos cerebros de hoy quizá sean monstruosos cerebros del mañana por toda la carga de indolencia que les ha impregnado el capitalismo embotado y feroz.

Son innumerables los acontecimientos de esta era que nos hunden en la depresión, la enfermedad que está borrando de nuestros genes y neuronas el sentido maravilloso de la vida. ¿No será este el principio del fin de nuestra civilización?

CAPÍTULO II

TIPOS DE DEPRESIÓN

«Endogenia *es lo que se origina en el interior o la naturaleza de la propia persona. En psiquiatría se contraponen los trastornos psíquicos endógenos a los exógenos (determinado por agentes externos).*»

DR. FRANCISCO ALONSO FERNÁNDEZ

Depresión endógena

Hay muchos especialistas que aseguran que las depresiones son una enfemedad de maniacodepresivos. Estos enfermos pasan ciclos de hiperactividad y euforia extrema y luego se hunden en una depresión profunda. Sin embargo, algunos médicos creen que la depresión endógena es un estado en el que nunca se produce el ciclo de euforia y nace de dentro. Esta forma de depresión no se basa en acontecimiento evidente alguno.

Depresión reactiva

El tipo de depresión que nace de una causa evidente se denomina «depresión reactiva». Los motivos que producen reacción pueden ser el caso del «vertido de Doñana», la muerte de un ser amado, la pérdida de un trabajo... Todo aquello que es un contratiempo nos produce una reacción sana y experimentamos plenamente sentimientos de dolor. Estos sentimientos es mejor no reprimirlos, pues de lo contrario nos producirían neurosis. Cuando reaccionamos ante los contratiempos, es mejor controlar y observar qué es lo que está pasando en nuestro interior. ¿Por qué motivos nos ponemos así? Este tipo de depresión se puede hacer «crónica si se alarga en el tiempo».

Por pérdida de trabajo

En mayo de 1997 trabajaba en un estudio de diseño gráfico como ilustrador. En julio del mismo año me echaron. Así de rotundo: fui despedido en contra de mi voluntad. Era la primera vez que me pasaba algo parecido. Nunca en mi vida profesional hubo manchas de este tipo. Desde muy joven fui suficientemente responsable, tanto en la empresa privada como de profesional autónomo; siempre me gustó que la gente quedara contenta con mi trabajo.

Esta empresa, ¿tenía razones para ponerme de patitas en la calle? ¡Claro, sus razones tendrían! Sobre todo por la desilusión, la angustia y el abatimiento que me habían transmitido. Aquel lugar era un desierto traumatizante, donde el desencanto y la incapacidad humana reinaban a su antojo. Se trabajaba sin estímulos ni aprecio de ningún tipo. Bueno, en Navidad la gente se ponía algo tierna y hacían un alto, disfrazándose de farsante simbología ambiental de amor y paz. Luego, la realidad seca y cortante del día a día era la nota normal, donde la crítica y la queja se habían convertido en una obsesión diaria.

Aquella empresa lloraba de tristeza. Sus paredes rezumaban depresión, y me contagió. No hice nada. Bueno, para ser sincero sí hice algo: me rebelé, con un poco de ira contra un joven y raro jefecillo imaginativo, aséptico de sentimientos y sensibilidad para con su gente. No me gustaban los tapujos ni la farsa y hablé claro. Los ambientes viles y sórdidos no perdonan y envuelven a los inocentes en sus redes hasta estrangularlos.

Hasta el final cumplí con mi obligación de dar calidad y buen nivel en mi trabajo. En los últimos meses estaba abatido por el desengaño. ¡Qué chasco! Deprimido. No me concentraba. Fui lento en mi rendimiento, y lo pagué caro. Me echaron a la calle. Ya no les interesaba. Alguien que se rebela, aunque sea un poco, no hace la pelota, ni está de acuerdo con el sistema insensible establecido, no interesa. ¡Lo sentí tanto! Mi estado de ánimo se venía abajo por momentos. Era lo que hemos visto antes, *una depresión reactiva*. Era mi deber, para remontar mi estado de ánimo, profundizar y convencerme de que yo no tenía toda la culpa de aquella situación vergonzosa e indignante. No podía culparme de haberlo hecho todo mal. El dueño me hizo responsable y culpable de su decisión de echarme, pero yo no estaba de acuerdo. Él era un depresivo crónico incapaz de ver más allá de su propia enfermedad y su negocio. Le admiraba, porque era un gran trabajador, pero era un pobre hombre encajonado en su limitado mundo subjetivo.

Durante los dos años de actividad, además de dibujar, había estado analizando e interesándome por el grave problema de relaciones humanas que se origina hoy día en las empresas. Quería conocer por qué lo inhumano tiene por fuerza que prevalecer sobre los ambientes alegres, armoniosos, sensibles, humanos y de cordialidad. Pensé mucho. Analicé la situación y a las personas y escribí la primera parte de un libro de doscientas cincuenta páginas titulado: *¡Despedido!*, subtítulo: «Empresas: el infierno de cada día».

Esto fue para mí un desahogo muy grande y una salida a la sacudida terrible que supuso, para mi autoestima, verme en la calle injustamente despedido. Descubrí el invisible, existente y eficaz látigo de la insensible torpeza del capitalismo atroz que se carga al ser humano a la más mínima debilidad. Fui castigado como un niño malo, siendo mi único delito la intención de ayudar ingenuamente a aquellos pobres desgraciados, víctimas de la depresión y del día a día traumatizante. Pero vivimos en un sistema en el que nadie se fía de nadie y te atrapan las miserias humanas. Caí en la trampa de la farsa despiadada de un represor y un «deprimido imaginario», que nada más recordarlos me levantan las costras de mi resentimiento; heridas aparentemente curadas.

¡Qué infierno de empresa! Así están casi todas, sumidas en el descalabro emocional del desencanto, por no tener corazón ni capacidad para hacer del día a día un sano y agradable estar sobre la humanidad sensible. Sólo interesa ganar y se pudren las almas inmersas en la depresión. Lo único que importa: *ganar dinero*. El dinero es la razón única que está por encima de los seres humanos y de toda la existencia. ¡Qué estúpida gamberrada! ¡Qué error!

En el último capítulo: «Depresión en las empresas», hago un resumen de mi libro *¡Despedido!*.

Por pérdida de un ser querido

Mi padre murió va para diez años. Su pérdida me produjo una reacción traumática, y durante un año estuve bastante deprimido. Le quería demasiado y no pude soportar su pérdida.

Desde su muerte estuve observando mis reacciones. Las defensas me bajaron y la gripe y los constipados se adueñaban de mí con mucha facilidad. Pensaba continuamente en él. El vacío que dejó en mi vida me sumió en la depresión. Tenía que dejar pasar el tiempo para que mi herida interior cicatrizara. Me imaginaba un corte profundo como en la carne, pero en el alma. «Un hachazo invisible y homicida siega la vida y nos produce angustia y drama.» Tenía la certeza de que el tiempo todo lo cura y así fue. El miedo de olvidarlo para siempre me atenazaba. Yo no quería olvidar a mi padre, aquello impedía avanzar mi curación; hasta que me di cuenta de que nunca podría olvidarlo. El hecho de salir de la depresión y no pensar en él obsesivamente no iba a borrar la huella sentimental profunda que había dejado en mí. La naturaleza sabia de mi cuerpo y todas mis energías empezaron a sanar.

A partir de un año, mi mente empezó a hacerse dueña de la situación. Los pensamientos positivos brotaban entre el negativismo de la muerte. Razonamientos y comunicación continua conmigo mismo. La autoobservación y el amor a mi familia hicieron el milagro de volver a la alegría de vivir de nuevo. Superé la depresión, gracias a mi propia naturaleza y al pensamiento objetivo y positivo. La muerte era un hecho natural. Después de diez años, Laureano, mi padre, sigue ocupando un lugar muy importante en mi corazón. A veces me emociono y lloro al recordarle, y me alegro de sentirle vivo en mis emociones. Aquella fue una etapa de mi vida, dura, que me hizo madurar y crecer por dentro en sensibilidad y humanidad.

Si a los diez años de la muerte de mi padre hubiera seguido llorándole todos los días, con seguridad necesitaría los cuidados de un psiquiatra. Mi depresión, si no desaparece sencillamente por sí sola, habría descendido hasta las profundidades de la enfermedad y se habría transformado en depresión endógena, con el consiguiente riesgo de suicidio.

Síntomas depresivos

En cualquier depresión existe el riesgo de suicidio, pero entre las dos formas de depresión reactiva y endógena existen diferencias: en la reactiva el periodo más peligroso es al principio de la depresión, mientras que en la endógena el peligro aumenta a medida que la enfermedad persiste.

El estado de ánimo depresivo es de un claro pesimismo que provoca amargura, desesperanza y tristeza profunda. Se pierde la alegría y el placer de vivir, y la falta de estímulos hace su aparición en forma de aburrimiento, apatía, falta de concentración... En esta situación surgen las obsesiones y se abandonan las actividades que normalmente nos producían placer de vivir. Los estados de ánimo depresivos tienden a la incomunicación. Se producen grandes dificultades para comunicarnos y escuchar a los demás. La desconfianza, la sensación de soledad o de aislamiento y los brotes de mal humor son producto del estado de ánimo depresivo.

Nunca se me olvidarán aquellas noches que pasaba en vela y si dormía el sueño estaba envuelto en pesadillas. Mi estado general era de angustia y ansiedad que sólo se me calmaba comiendo. Era como si el placer de la comida me hiciera olvidar mi estado general angustioso.

Ambiente familiar

Normalmente, el ambiente que rodea al depresivo no comprende los estados de sufrimiento que se padecen y se le subestima e ignora en muchos momentos; sin embargo, la familia tendría que colaborar para prestar una ayuda eficaz. El esfuerzo solidario por parte de todos, estimulándole a través de la esperanza y el cariño, es fundamental, pues estos estímulos ayudan a mantener una relación de confianza y vínculo familiar que disuelven los posibles pensamientos y deseos de morir.

La depresión reactiva crónica necesita ayuda médica y cuanto antes se inicie algún tipo de terapia, menos grave será el episodio y mas rápida será la recuperación. El sosiego y la tranquilidad dan paso a la alegría y a la actividad normal.

Te puedo asegurar que, si eres capaz de tranquilizarte por dentro y logras que disminuyan tus pensamientos y emociones desbocadas, volverás a la normalidad y a la ilusión por vivir.

Depresión tóxica

Además de las depresiones endógena y reactiva, existen otras que pueden calificarse de tercera categoría. Éstas se llaman depresiones tóxicas o secundarias. Son provocadas por los fármacos, el alcohol, las infecciones víricas…

Los medicamentos y, más concretamente, los barbitúricos y los sedantes son casi siempre depresores del sistema nervioso central.

El alcohol puede provocar una reacción tóxica porque consume una gran cantidad de suministro de vitamina B del organismo. Los factores B son básicos para un funcionamiento adecuado de las células nerviosas y cerebrales. La resaca después de la ingesta de alcohol es debida a la destrucción de las reservas de vitamina B.

Los ataques esporádicos de angustia pueden ser provocados por una depresión de carácter endógeno; si se toma un tranquilizante lo que hace es deprimir el sistema nervioso central y a un estado moderado de depresión se le suma el efecto depresor del calmante, produciendo una depresión aguda de graves consecuencias.

«*Eso fue lo que le pasó a Wina Sturgeon. Un día se presentó en Inglaterra, con depresión endógena, a una doctora de setenta y tantos años. Ni siquiera se le ocurrió buscar síntomas de depresión, y además estaba demasiado ocupada. Tenía que ver a demasiada gente y a nadie podía dedicar mucho tiempo. Habría sido mejor que no recetase cosa alguna, pero recetó Librium. Al cabo de dos semanas era un zombi total. Su caso podría haber sido mucho menos grave si no hubiese tomado un tranquilizante al principio de la enfermedad.*»

Otro tipo de depresiones

También pueden producir depresión algunas enfermedades glandulares. La diabetes, la hipoglucemia y, sobre todo, los trastornos tiroidales, los cambios de estaciones (otoño-invierno, primavera-verano).

CAPÍTULO III

LA DEPRESIÓN, TRASTORNO DEL SISTEMA NERVIOSO

Maribel, mi psiquiatra

Por fin podía hablar con una persona que entendería mis problemas desde la infancia. Se llamaba Maribel y era psiquiatra. La conocí casualmente algunos años atrás. Hablé multitud de veces con ella, pero siempre de temas ajenos a mi persona. Un día me enteré de que estaba licenciada en psiquiatría, ejerciendo desde hacía algunos años. No parecía una psiquiatra, era una chica normal de treinta años. No sé, quizá yo tenía una idea equivocada de lo que eran los psiquiatras. La verdad es que no me gustaba ninguno. Pero Maribel rompía mis esquemas y me hacía entender que estaba equivocado en mi rígida y estructurada visión de la realidad. No todos los psiquiatras eran iguales. Como en todas las profesiones, los había buenos y malos, pero aun sabiéndolo mis prejuicios insistían en lo contrario. Maribel tenía una dulzura especial en el trato. Era muy humana y cariñosa. Se interesaba de una forma auténtica. Hacía muchas preguntas en cuanto detectaba algo anómalo en las personas. Su cara sonriente transmitía con transparencia lo que ocurría en su interior. ¡Qué gozo sentir la pureza de las buenas intenciones! ¡Qué alegría sentir amor en una doctora de la mente! «¿Esta mujer podría comprender y explicarme el porqué de mis tristezas?», me preguntaba. Parecía adivinar mi pensamiento:

—Tú eres un hombre depresivo —me dijo un día que estaba contagiado de amargura. A pesar de fingir y ocultar mi bajón, no pude pasar inadvertido para aquellos ojos castaños, penetrantes, llenos de luz y verdad—. Estás triste, ¿verdad?

—No te confundes. Hoy estoy bajo de moral. Para mí estos días son normales, no le doy la menor importancia. Me imagino que es como un dolor de cabeza que durará un tiempo limitado.

—¿Con qué frecuencia te pasa?

—Muy a menudo, pero lo tengo controlado. Muchas veces, incluso sé por qué me deprimo y, sabiendo la causa, evito un mal mayor.

—¿Tu infancia fue alegre?

—Sí, la verdad es que yo me acuerdo de haber tenido una infancia muy variada, pero en el fondo hubo siempre en mí una tristeza que no sabría explicarte.

—En la infancia existen una series de factores ambientales que determinan la aparición de las enfermedades depresivas. En esa edad se siembran semillas de negativismo por parte de la familia y el ambiente en general. La angustia, la agresividad... producen en el niño un efecto estresante, y si además hay falta de cariño, no hay comunicación y ausencia de hábitos… pues existe una amenaza constante de depresión. ¿Te separaste alguna vez de tu madre?

—¿Qué es esto, Maribel? —se había lanzado con todo su ímpetu. Por momentos me sentía atrapado en su interrogatorio. No es que me desagradara, pero creí que, tomando unas cañas, no era oportuno contarle mi vida.

—Perdona, pero yo creo que necesitas ayuda. Si dices que tus depresiones son frecuentes, eso no es normal.

—Ya sé que no es normal, pero me acostumbré desde mi niñez a vivir así. Lo más grave lo he superado. Estos son los últimos coletazos y llevo control de todo cuanto puede perturbar mi ánimo. Muchas veces mi depresión puede ser de tipo físico. El otro día, concretamente, tuve una infección intestinal y percibí claramente cómo influía en mi estado de ánimo. Otras veces está provocada por las circunstancias de la vida, de índole familiar o profesional, o de alguno de los muchos conflictos que todavía no he resuelto. Durante un tiempo me dan la lata y me hacen sufrir. Son momentos de crisis pasajeros. Como un dolor de cabeza, no duran mucho. Además, hoy, ¿quién no está deprimido?

—Hombre, si te pones así, todos sufrimos la enfermedad. Pero esta afirmación no es cierta. Una cosa es la tristeza pasajera y otra la tristeza patológica. En tiempos de Hipócrates la llamaban melancolía. ¿Sabes quién fue Hipócrates?

—No sé si fue un médico o un filósofo —Maribel me enganchaba con su conversación y le sugerí sentarnos cómodamente en una de las muchas mesas vacías de aquel bar.

—Hipócrates fue un médico griego que existió en el siglo cuarto antes de Cristo. Él exponía el cuadro de la melancolía, enfermedad con el significado que le damos hoy como depresión. Para él era como una acumulación excesiva de bilis negra en el organismo.

—Pero la melancolía muchas veces es buena para la creación artística, para ser más humano…; puede servir como un condicionante de otros factores aberrantes del comportamiento humano, ¿no? Te lo digo porque todo el movimiento romántico y artístico tiene hondas raíces emocionalmente depresivas. Creo que su origen está radicado en la tristeza, ¿no?

—Ese tipo de tristeza o melancolía es creativa y tiene una clara inclinación hacia la reflexión, el pensamiento, la pintura, la filosofía, la poesía, la música…, pero hay otro tipo, la melancolía clínica, que es lo que hoy llamamos depresión. Si desde niño sufres esta dolencia y nadie te ha tratado, el futuro puede ser angustiante y de hecho tú bien lo sabes. La vida es como si se paralizara y parece que no exista otra alternativa que la «falta de autoestima», «la pesadumbre enfermiza», «la agobiante ansiedad», «confusión», «falta de concentración», «pérdida de memoria». Todo puede ser frágil, caótico y distorsionado.

—¡No me asustes! —le dije en un tono irónico.

—No te lo tomes a broma; esta dolencia no solamente es un estado del ánimo, o un trastorno mental como se consideraba antes, sino una enfermedad orgánica con causas claramente biológicas.

—¡Pero yo estoy curado, Maribel! —mi afirmación arrancó de mi interior una duda: yo sabía perfectamente que había superado la enfermedad en un ochenta por ciento, pero quedaba algo que interfería mi vida. Lo dominaba, pero la raíz y la causa del mal los desconocía.

—No lo creas del todo. Muchos enfermos lo intentan por el camino más difícil y piensan que ellos solos pueden superarla, pero cuando el trastorno es de índole clínica se necesita un especialista en depresiones. Es cierto que en esta enfermedad tiene que intervenir en un porcentaje muy alto la voluntad del paciente para curarse; el médico sirve de gran ayuda, pero es el mismo enfermo el que puede curarse a sí mismo. Tú te has curado a ti mismo por voluntad propia e investigación interior, pero te ha faltado un médico que te ayudara para erradicar definitivamente la dolencia. La depresión es un trastorno del sistema nervioso central, que es esa parte del cuerpo que, junto con las glándulas endocrinas, produce casi todas las sustancias químicas que precisamos para vivir; las que nos hacen dormir y sentir hambre, que regulan nuestros impulsos sexuales y nuestros apetitos y que permiten pensar y razonar. Fíjate si es seria esta enfermedad. Las sustancias químicas que produce nuestro organismo se llaman hormonas. No solamente existen las sexuales, el organismo produce en cantidad muchísimas más hormonas o sustancias químicas, que son las que nos capacitan para que nuestro cerebro y todo nuestro cuerpo funcione con normalidad. Los médicos sabemos cómo se manifiesta la depresión, pero no sus causas. Sabemos que es un desequilibrio de las sustancias químicas del sistema nervioso central. Muchas de las hormonas que utiliza el cerebro son afectadas y producen muchas más, o menos, de las hormonas necesarias, afectando al pensamiento y a la conducta, y no tienen rastros evidentes en el cuerpo en general. Por este motivo, a la depresión, hasta ahora, no se le ha dado la debida importancia, porque no muestra síntomas físicos. Los comportamientos y los problemas de la vida en general son causas que normalmente provocan depresiones. El funcionamiento cerebral y las sustancias químicas que intervienen se ven afectados en este tipo de depresión exógena, pero no sabemos por qué ocurre esto. ¿Sabes lo que es una amina biogénica?

—No tengo ni idea.

—Es otra sustancia química.

—¿Es otra hormona?

—No. Son compuestos formados por aminoácidos y las piezas claves de varias proteínas. En realidad, esta sustancia química es por sí sola una proteína y se utiliza para alimentar y formar otras partes del organismo.

—Todo lo que me estás hablando me suena a chino, y me sorprendo de la perfección de nuestro cuerpo. La verdad es que es un milagro que podamos funcionar con tanta precisión.

—¿Quieres que siga hablándote de las sustancias químicas?

—El tema me gusta, pero es muy complicado de entender.

—Voy a explicarte cómo reaccionamos ante un hecho insignificante de la vida. Por ejemplo, cómo reaccionarías tú cuando recibas un estímulo externo. Imagínate que te acabas de acostar. Hay tormenta y llueve mucho. De repente se oye un golpe fuerte y seco. Te levantas. El ruido ha sido un estímulo para provocar una serie de reacciones, pensamientos y acciones posibles. Esta señal está programada de peligro. Te pones alerta. Una sucesión de pensamientos desfilan por tu mente. El cerebro transmite una señal que aumenta la secreción de adrenalina. Ésta es la hormona que activa la reacción miedo-huida necesaria para actuar. Pero al mismo tiempo que ha ordenado medidas protectoras, el cerebro a través de la atención y la concentración examina la memoria. Instantáneamente brota un recuerdo real y objetivo: Es la puerta de la terraza que tiene la cerradura estropeada y se abrió con el aire. Entonces interviene la vista. Miras hacia el lugar donde está la escalera de acceso a la terraza. Subes y cierras la puerta. Cesa la secreción de adrenalina. Se relaja el sistema sensorial y toda la secuencia de pensamientos desaparece de tu mente. En este proceso pueden haber intervenido cientos y miles de células cerebrales para crear las ideas y las percepciones.

—Pero este proceso, ¿está claramente comprobado que es así?

—Se acerca mucho a la realidad según las investigaciones.

—Y la ciencia, claro está, nunca se equivoca.

—Sí se equivoca, pero es indudable su trayectoria de investigación y análisis objetivo. Aunque todo lo relacionado con el cuerpo humano, y concretamente con el cerebro, es de una complejidad asombrosa.

—Entonces todo lo que me estás contando es relativo.

—¿Por qué dudas tanto?

—Porque no me fío de nada.

Sentía rechazo y a la vez asombro; no sé, en mí había un conflicto evidente. Por una parte admitía su explicación, pero me negaba a creer que sólo éramos reacciones bioquímicas. No sé cómo explicarme, pero tenía en mi mente un concepto superior, más grande que los conductores, las enzimas, la corteza cerebral, las aminas biogénicas... Todo aquello significaba algo muy limitado en mi forma de ver y sentir las cosas. Mi sentimiento espiritual iba muchísimo más lejos que todo eso. ¡Cuántas veces me cundió el desánimo al saber que éramos sólo un saco de patatas vivo! Pero indudablemente era sorprendente y yo no sabía apreciar tanta maravilla. Maribel seguía hablando con entusiasmo, mientras en mi interior brotaban lágrimas de dolor por no entender nada de nada de la existencia.

—¿Te interesa que siga con mi explicación?

—Bueno. Sigue, yo te escucho.

—El cerebro puede compararse con una computadora. Se compone básicamente de un banco de memoria.

—¡Qué manía de comparar el cerebro con las puñeteras máquinas! Siento interrumpirte, pero es que no aguanto que se compare algo tan importante con un artilugio.

—Es una simple comparación para que lo entiendas. Los ordenadores poseen un tipo de memoria y nosotros otra, pero es lo mismo: la capacidad de almacenar datos. Tienes muchos prejuicios, ¿no?

—Más que prejuicios es rebeldía.

—Rebeldía y muchos conflictos. Bueno, te explico esto y ya no hablo más del tema, porque es algo muy complejo de explicar.

—Vale. Perdóname.

—Cada una de las células lanza su impulso eléctrico. Estas cargas eléctricas viajan por la corteza cerebral, la parte del cerebro que recoge la información y la traduce. La corteza cerebral absorbe todos los impulsos eléctricos de las células, los diferencia en grupos relacionados cada uno con una idea o una acción y los integra. Luego traduce toda la masa de información en una idea o una acción útiles. La electricidad de las células para ser transportada necesita de un conductor y éste es un cable formado por una cadena equilibrada de sustancias químicas, las aminas biogénicas. Fíjate bien lo que te digo: estos conductores están formados por una *cadena equilibrada* de aminas biogénicas. Si este equilibrio se altera, cambian los efectos de los impulsos eléctricos cuando llegan a la corteza cerebral. De esta forma toda la unidad de pensamiento o acción se distorsiona, llegando tarde o nunca a la corteza cerebral. Ésta carece de capacidad de juicio y de discriminación. Funciona con la información que recibe. Este sector del cerebro, que envuelve por fuera su sustancia gris, no piensa por sí mismo. No puede percibir si las innumerables transmisiones celulares con las que trabaja componen una unidad distorsionada. La corteza cerebral hace su trabajo y presenta su producto terminado sin pruebas de exactitud. El individuo al que su cerebro le ofrece ese pensamiento o esa acción tampoco tiene medios de juzgar y controlar su exactitud. Por tanto, si la corteza cerebral compone una señal alterada, el organismo actúa en consecuencia sin vacilar. De ahí que los síntomas de la depresión (falta de confianza en uno mismo, indecisión, angustia y confusión) no pueden eliminarse solamente con terapia verbal. Estos sentimientos nacen como consecuencia de la distorsión del proceso mental. La terapia verbal es una valiosa ayuda en la depresión, pero no conseguirá curar las depresiones graves si no va acompañada de medicación, según Wina Sturgeon.

—La verdad es que el proceso de la vida es mucho más complejo de lo que uno piensa, es asombroso. Según estos descubrimientos, ¿todas las manifestaciones humanas son el resultado de un proceso bioquímico y nada más?

—Todos los seres vivos existen gracias a procesos bioquímicos muy complicados. La energía es el gran misterio de la creación.

—Tomar conciencia de esta realidad me produce escalofríos. Me alegra saber, pero me entristece descubrir todo aquello que pertenece al misterio. Lo que estamos haciendo los seres humanos es como una profanación de una experiencia en la que nadie debiera haber urgado. A mí no me gusta saber cuáles son los engranajes de mi existencia, funciono y punto.

Me sentía rebelde, nunca pude asimilar bien las acciones de los hombres, pues sabía que su insensibilidad, ignorancia y maldad se manifestaban continuamente a cada paso que daban. No podía remediar un impulso emocional muy profundo en contra de todo el progreso, la investigación y demás. Eran prejuicios evidentes.

—¿Y si no funcionas y sufres?

—Pues me muero y ya está. Todo se concibió así por la naturaleza. Los demás seres vivos no se hacen tantas preguntas como nosotros los humanos. Nacen, se desarrollan y mueren. Y no alborotan, ni profanan, ni destruyen… tanto como nosotros. Ellos están dentro del equilibrio natural y no dejan señales de su existencia. Nosotros hacemos historia. ¡Fíjate qué cosas!

—Tu forma de pensar es consecuencia del resentimiento y, perdona que te lo diga, pero estás un poco anticuado.

—¿Anticuado? No creo que sea ése el calificativo más idóneo. He recorrido ya un largo camino y me he detenido a reflexionar en muchos aspectos. Tengo muy claro que el ser humano y su capacidad de investigación aportan grandes beneficios a la humanidad, pero provocan grandes y peligrosos males, por alterar continuamente el equilibrio de la naturaleza.

—Estoy de acuerdo contigo, pero descubrir por ejemplo que el trastorno en la producción de monoaminaoxidasa por el organismo es la causa de la angustia extrema en la depresión, es algo importante, porque con este descubrimiento estamos contribuyendo a curar la angustia de vivir de las personas. Esto es muy importante, porque es recuperar la alegría perdida por culpa, quizá, de los comportamientos terriblemente destructivos de los seres humanos.

—No tengo nada que decirte al respecto; estoy de acuerdo contigo, pero nadie podrá curar mis dudas. Antiguamente no había tanta depresión porque los seres humanos tenían muchos horizontes y sobre todo su vida estaba envuelta en el misterio. Tenían sentido natural y sobrenatural.

—Entiendo perfectamente tu rebeldía por todas las acciones perversas del hombre. También sé que los últimos descubrimientos neurofisiológicos, bioquímicos, la manipulación genética…, son muy duros de asimilar para aquella gente que no ha sido educada en base a realidades objetivas.

—A mí me cuesta mucho entender esta nueva forma de hablar y de existir. Mi rebeldía no es por el hecho del descubrimiento científico en sí, sino por la soberbia, el materialismo, la superficialidad y la estupidez de la gente. Porque veo que es una terrible irresponsabilidad desechar toda la sabiduría del ser humano, emanada de esa milagrosa bioquímica que misteriosamente funciona hace millones de años en todos los seres vivos. Yo fui educado en los comportamientos religiosos y morales, con las enseñanzas de que Dios hizo todo lo que existe y a Adán del barro y a Eva de una de sus costillas. Esta educación la recibí hasta los dieciséis años, cuando descubrí otras teorías que se acercaban más a la realidad de la evolución. ¿Tú sabes el dolor que me produjo desechar algo que estaba grabado en lo más profundo de mi ser como algo cierto y seguro?

—No me extraña. Son crisis muy dolorosas porque hay que arrancar raíces profundas, destruir estructuras biológicas, y eso es imposible. No es fácil erradicar todo un entramado que desde la más tierna infancia fue creciendo y evolucionando al compás del propio cuerpo. Este proceso irremediablemente crea depresiones profundas. Yo soy partidaria de reservar un espacio mental para la fe en el misterio. Creo que es sano porque el hombre nunca podrá descubrir tanta inmensidad. Es imposible, porque un descubrimiento siempre lleva a un encadenado infinito de posibilidades. Es necesario no romper el cordón umbilical que nos une al misterio. Yo pienso como tú ya lo ves. Pero a la vez tenemos que estar al día de los grandes descubrimientos de este siglo. Al ser humano se le educaba, y por desgracia se le sigue educando, a ciegas, ignorando todo el maravilloso mundo que funciona con total perfección de piel para adentro. Por ignorancia e intereses de todo tipo, nos inculcaron ideologías nefastas, que nos hacían superiores a todos los demás seres vivos. Por el simple hecho de ser humanos nos hicieron creer que éramos el ombligo del universo. ¡Increíble! Por dentro éramos los únicos seres portadores de la espiritualidad. ¿Cómo es posible pensar de una forma tan condicionada y excluir tanta diversidad y posibilidades? Al ser humano se le educaba como si por dentro fuera todo espiritual. No había vísceras, ni cerebro…, nada, sólo el alma inmortal. Esta forma de educar producía y sigue produciendo un profundo choque cuando se evidencia la realidad.

—Es verdad. Yo recuerdo cuando en casa se hacía la matanza y rajaban al cerdo. Para mí era impensable tener dentro del cuerpo lo mismo que aquel animal. Cuando fui descubriendo la realidad en mi adolescencia, me causó un profundo dolor. ¡Cómo era posible funcionar con neuronas si lo que llevaba dentro era única y exclusivamente el alma y el espíritu, que tan machaconamente me habían inculcado desde bien pequeño!

—Era una educación precaria y peligrosa porque, en más de un caso, el encuentro con la realidad suponía un choque inevitable.

—Precaria e ideológica.

—La verdad es que la educación religiosa nos confundió a todos bastante y creó una mentalidad superior, inconcebible con respecto a los demás seres vivos. La supremacía, la soberbia y la estupidez se estableció como mentalidad normal y el choque con la realidad para muchos fue brutal y deprimente y para otros sorprendente y maravilloso al saber que el mundo no era solamente espiritual y fantasmal, sino increíblemente inmenso para comprenderlo del todo.

—Para mí resultó ser deprimente, pero a medida que fui haciendo mis descubrimientos y dejé atrás el peso de la paja de lo inexistente, fue una sorpresa continua y entendí cómo surgieron los grandes hombres enamorados de la vida y de la ciencia. Si desde pequeño me hubieran enseñado a descubrir el increíble mundo de la realidad, a estas alturas sería un hombre destacado, pero me entretuvieron demasiado, y mi atención se fundió de una forma enfermiza en Dios, la Santísima Trinidad, la eternidad, el infinito, el cielo, el pecado, el infierno… Me alejaron años luz del grandioso milagro de la vida. No descarto todos estos misterios, porque, ¡quién sabe!, todo es posible, pero es terrible educar en el vacío teórico sin una base de realidad.

—No podemos olvidar que una mentalidad se forja y estructura a lo largo de los años. Si después de todo el proceso mental y cerebral de adaptación, que tiene lugar en la persona, se toma conciencia de que nada de lo aprendido tiene consistencia y además pertenece a una realidad difícil de comprobar, puede desencadenar crisis y depresiones terribles hasta que la mente y el cuerpo vuelven de nuevo a armonizarse en otro estado de cosas y de vida.

—Yo fui muy ingenuo siempre. Nunca pensé que las sociedades se construyeran en la mentira y con tantos errores, provocados sobre todo por intereses humanos. He sufrido muchas decepciones y fueron por causa de la mentira. Yo no creo que Dios sea mentira, pero podrían educar de otra forma haciendo consciente de la posibilidad, pero no de la certeza, de su existencia.

—Veo que la religión te crea conflicto.

—Mucho, ha sido para mí un motivo de sufrimiento importante, porque desde muy pequeño tuve fe ciega en la doctrina que me enseñaron. El choque más terrible fue cuando me encontré con el materialismo destructor de cualquier forma de concepción espiritual y creencias. Esas mentes que se cierran a creer algo más que su limitada visión de la realidad. Le planté cara, me influyó y transformó hasta tal punto de ir en contra de esa pésima forma de pensar encajonada. No soporto las ideologías que afirman tajantemente o niegan de una forma rotunda lo que pertenece al misterio, del que nadie sabe nada.

—La forma de pensar ideal y de organizar nuestro cerebro desde la infancia podría ser: por una parte, estar abierto a lo que no entendemos, y ahí entra nuestra fe en Dios, en la espiritualidad…, en el misterio, pero sabiendo que no es tangible porque nuestra capacidad cerebral es incapaz de comprender y alcanzar esas posibles verdades. Este aspecto es muy importante tenerlo en cuenta. Y por otro lado, aprender a vivir con intensidad nuestra vida desde el realismo más absoluto, disfrutando de los efectos que producen nuestras capacidades: el conocimiento de nuestro cuerpo; el funcionamiento de nuestro cerebro; nuestras capacidades mentales; el control y conocimiento de nuestras emociones; saber la influencia que ejerce el pensamiento y la conciencia del mismo; la alimentación; el ejercicio físico y mental para conservación y desarrollo de nuestras actitudes.

—Hay también algo que no debemos olvidar: *somos lo que pensamos*. Desde hace años me hice consciente de esta realidad. Nuestro pensamiento tiene un poder tremendo para bien o para mal.

—¿Me dejas que te hable de algo que no terminé de explicarte?

—¿De qué?

—De la monoaminaoxidasa. Creo que es necesario que sepas este proceso para que te des cuenta de lo que produce la angustia de vivir.

—Bueno, si no hay más remedio...

Maribel me hacía sentirme bien. Sintonizábamos perfectamente. Me producía bienestar y sosiego y ganas de aprender y descartar viejos prejuicios. Estaba empeñada en enseñarme la bioquímica del organismo.

—Como te dije antes la angustia se debe a un trastorno en la producción de monoaminaoxidasa por el organismo. Esto es más complejo de lo que parece, mas para que lo comprendas voy a simplificártelo. La monoaminaoxidasa es una enzima que destruye aminas biogénicas y congela la señal que activa las células del cerebro.

—Recuérdame qué es una amina biogénica.

—Son sustancias químicas que intervienen en la función cerebral.

—¿Son hormonas?

—Son compuestos formados por aminoácidos.

—¿Qué es un aminoácido?

—Es un compuesto químico que posee simultáneamente las funciones de ácido y amina y es uno de los principales constituyentes de la materia viva. Amino es un monovalente formado por un átomo de nitrógeno y dos de hidrógeno, que constituyen el grupo funcional de las aminas y otros compuestos orgánicos. Las aminas biogénicas son piezas claves de varias proteínas. En realidad cada una de estas sustancias químicas es por sí sola una proteína y se utiliza para alimentar o formar otras partes del organismo.

—¿Qué es una proteína?

—La proteína es un albuminoide sencillo. Los albuminoides son conjuntos de aminoácidos de alto peso molecular y constitución compleja que constituyen la parte principal de las células animales y vegetales. Para que lo veas más claramente, ciertas proteínas en disolución presentan el aspecto descompuesto de algo así como la clara de huevo, las gelatinas, la cola de pescado, o sea aminoácidos. ¿Lo tienes claro?

—No, pero me hago una idea. La monoaminaoxidasa me dijiste que era una enzima. ¿Y qué es eso?

—Es un fermento soluble, de naturaleza muy compleja, que se forma y actúa en el organismo. La monoaminaoxidasa es una enzima que destruye aminas biogénicas y congela la señal que activa las células del cerebro. En cuanto una célula ha lanzado su impulso, sea a través de los órganos de los sentidos o por estímulo mental, recibe de inmediato una dosis suficiente de monoaminaoxidasa para borrar el mensaje enviado. Se trata, claro está, de una de las sustancias químicas más importantes para el funcionamiento del cerebro. Pero es frecuente que el sistema nervioso central la produzca en cuantía excesiva. De hecho, esta es la forma más común de depresión. Simplificando de nuevo, cuando hay una superproducción de esta amina biogénica, llega a algunas de las células cerebrales estimuladas antes de que éstas tengan la posibilidad de lanzar su impulso eléctrico. El resultado es que se pierde parte del «mensaje» que llega a la corteza cerebral. Y como la corteza cerebral trabaja con lo que tiene, las piezas que faltan provocan una unidad de pensamiento o de acción distorsionada. Cuando hay una superproducción de monoaminaoxidasa se receta un inhibidor de esta enzima. De esta forma se regula el sistema nervioso central, haciéndole producir menos cantidad de esta sustancia. Si te das cuenta, la depresión es un desequilibrio químico y en muchos casos hay que tratarlo con algún tipo concreto de antidepresivo.

—Sin embargo, yo nunca he tomado ningún medicamento y he conseguido equilibrarme bioquímicamente muy bien, cuando he tenido momentos de angustia vital.

—Tu caso es algo especial porque has utilizado muchos estímulos mentales de rastreo. Has sabido analizar con objetividad extrema todos tus procesos internos, para saber las causas de tus percepciones. Esto es una heroicidad y muy pocas personas son capaces de desarrollar esa capacidad de análisis continua y objetiva. Pero te hubiera servido de ayuda para tu propia terapia personal haber tomado algún antidepresivo.

—No, no…, mejor ha sido así. Porque de esta forma he desarrollado muchas capacidades y sobre todo la seguridad del poder que llevamos dentro de nosotros.

Yo tengo muchos conflictos personales con todo, pero si no es así, me duermo en los laureles de la inconsciencia, que es donde se está durmiendo la humanidad, dando paso al conformismo sedado.

—Hombre, si lo miras desde ese punto de vista, es mejor que la propia naturaleza se haga fuerte y actúe con todas sus reservas construyendo canales y caminos de autosuficiencia, pero tú sabes lo angustiante que es la depresión cuando se producen los desequilibrios orgánicos. Hay mucha gente que necesita ayuda farmacológica y después sanan totalmente. No descarto la acción mental a través del rastreo, la autoobservación, la terapia de las visualizaciones y la influencia del pensamiento, y de hecho me ayudo del yoga en su aspecto físico y del movimiento del aire: la respiración.

—Y del pensamiento y el poder de las emociones, ¿qué me dices?

—No hay duda. Hay un camino para tratar al enfermo depresivo que es la psicoterapia empática y comprensiva, donde existe una relación emocional de sintonía entre el médico y el afectado con el objetivo claro de que se sienta comprendido. Aquí no sólo el pensamiento juega un papel primordial, también la afectividad. Un enfermo que se siente querido y comprendido, sana aunque sea temporalmente. No es una tarea fácil en muchos casos, pero es muy efectiva. El pensamiento ejerce un gran influjo sobre el conjunto de la vida psíquica y sobre la afectividad; sólo tienes que pensar que la depresión es un estado del ánimo negativo traducido a pensamientos negativos automatizados. La modificación de la actitud del enfermo hacia sí mismo, adoptando una visión más realista, representa uno de los primeros alivios que se le puede proporcionar. El giro en su forma de pensar va a ser positivo en su autoestima, pues lo que inunda y ahoga al enfermo depresivo es la angustia, falta de control y de autoobservación de sí mismo para poner en evidencia todos los pensamientos que le afectan.

—La autoobservación fue para mí un descubrimiento muy importante, pero muy difícil de llevar a cabo al principio. Eso de tener que estar pendiente de todas las reacciones en cada momento fue muy complicado, pero una vez que te acostumbras es como tener un ojo abierto en estado de alerta continuamente, para ver qué es lo que está pasando. Una vez que conseguí desarrollar esta capacidad descubrí mis pensamientos y emociones. Fui consciente poco a poco de mi forma de ser, y desde ese momento empecé a ver reacciones y las causas que provocaban mi conducta. Sobre todo me di cuenta de mi complejidad mental y biológica, y comprendí que no sólo el ambiente exterior, mis pensamientos, emociones…, eran la causa de mis alteraciones, sino la complejidad de mi carga genética.

—Entonces, la lección de biología que te he dado te habrá servido de algo, ¿no?

—Me encanta y me estimula para saber mucho más de estos procesos. Nunca pude imaginarme que la tristeza y la depresión fueran causadas por una falta de impulsos eléctricos. ¡No somos nada, pero es tan perfecto todo, que no me queda más remedio que maravillarme! Si los seres humanos nos diéramos cuenta del perfecto orden que existe en el universo, intentaríamos colaborar con máximo cuidado para no alterar el estado concentrado, profundo y sutil del alma que da vida al mundo.

—¡Qué bonito! ¡Qué forma de percibir los latidos de Dios! O, como tú dices, *del misterio*. ¿No tienes interés por resolver tus problemas del todo?

—Siempre quise resolverlos satisfactoriamente, pero nunca encontré la persona que pudiera ayudarme. Los buenos psiquiatras se venden muy caros. ¿Tú cobras mucho?

—Yo cobro un millón por consulta. ¿Te parece caro? —me miraba y sonreía; era fácil saber, por su exagerada e irónica respuesta, que estaba gastándome una broma.

—En serio, ¿cuánto cobras?

—A ti no voy a cobrarte nada. Si me dejas voy ayudarte.

Mi corazón dio un vuelco. ¿Sería posible erradicar definitivamente los últimos coletazos de mis depresiones? Maribel me contagiaba sus ganas de vivir y de ayudarme, y empecé a confiar en ella. Me citó fuera del horario de trabajo, por la tarde y en su casa. Vivía con su madre. Allí tenía un despacho donde solía atender a pacientes de mucha confianza. No sé qué otro interés podría tener aparte de ayudarme a resolver mis problemas. A mí me resultaba muy atractiva. Como mujer me gustaba, pero tenía claro no mezclar otros asuntos. Entre nosotros había surgido una buena amistad y los dos entendimos su profundo significado. Me dijo que íbamos a explorar toda mi infancia haciendo salir los recuerdos que alegraron mi vida o la entristecieron. Yo había escrutado mentalmente por mi cuenta mis primeros años de vida y los había dejado escritos en un diario, con voz virgen e ingenuidad infantil. Siete años, siete páginas escritas y muchas emborronadas y olvidadas por cosas que no pude entender, pero que, sin embago, me afectaron profundamente.

CAPÍTULO IV

DEPRESIÓN EN LA INFANCIA Y JUVENTUD

«La depresión toma unas peculiaridades máximas, no sólo ante la sintomatología, sino ante factores causales, en la edad preescolar de los niños, que abarca los primeros cinco años de la infancia, por lo que no debe descartarse ni olvidarse a estas edades que el niño pueda sufrir o padecer una depresión.

En este período de tiempo suelen ser los factores situacionales, o sea los que se manifiestan en el ambiente del niño, los que determinan la aparición de las enfermedades depresivas.

Dr. Francisco Alonso-Fernández.

Había llegado a la hora en punto. Maribel me recibió en su casa con efusivo entusiasmo. Me indicó que me pusiera cómodo. Hicimos algunos ejercicios de relajación. Espiraciones e inspiraciones. Y seguidamente con una voz muy sosegada me invitó a recordar mi infancia. Los recuerdos más tristes y alegres que había vivido. Era delicioso aquel momento y me sumergí sin dudarlo en mis recuerdos.

Recuerdos (año 1959)

Tengo siete años. Me siento un niño normal. Alegre y también muy preocupado. Mi madre me apuntó al colegio y no me sentó muy bien separarme de ella. Todas las mañanas mi madre me ayuda a peinarme. Yo la miro a través del espejo y siento que la quiero muchísimo. Siento pena al pensar que cuando me haga mayor ya no volverá nunca más a peinarme. Yo no quiero ser adulto. No me gusta la forma de ser de los adultos extraños. Son muy serios. Ellos no me quieren como mis padres. No me gustan sus miradas, me miran mal.

Por aquí cerca de mi casa hay un hombre que me llama la atención, me da mucha pena. Dicen que está loco y los niños se ríen de él. Yo le tengo mucho respeto y le doy cosas de la tienda que tienen mis padres. También les doy a mis amigos y amigas unas bolitas rosas que se llaman chicles. ¡Están muy ricas! Mi padre me dice que las cosas de la tienda no se regalan, porque son para venderlas. Mis padres son muy buenos y me quieren mucho, como a mis hermanos, pero me ponen muy triste cuando se pelean. Ellos dicen que han tenido muy mala suerte y que la vida está muy mal. Después de la guerra se quedó todo muy pobre.

Vivo en un pueblo que se llama La Bazana, en Extremadura, cerca de Badajoz. Mi hermano Manuel fue el primer niño que nació aquí. Dicen que este pue-

blo es un pueblo nuevo porque lo están construyendo las excavadoras amarillas y los albañiles. Aquí hay hasta lobos. El otro día vino uno a casa. Un hombre que tiene ovejas, nos contó llorando que los lobos se habían comido dos de sus corderos más bonitos. ¡Tengo mucho miedo a los lobos, porque dicen que son muy malos y nos pueden comer! El otro día vinieron por la noche a mi casa. Como tenemos jamones y chorizos en la tienda, se acercaron por el olor. Nuestro perro, «Kiki», nos protege y los asusta con sus ladridos. Le quiero mucho. También quiero mucho a mi burro, con el que mi padre va a vender sus chorizos, jamones y quesos. Con el dinero que saca podemos comer y comprar más cosas para venderlas. Dice mamá que a papá le han ido mal las cosas y estamos de aquí para allá como los gitanos. Yo siempre les veo y les siento muy tristes y enfadados. Vivimos con otra gente: son colonos; yo no sé por qué se llaman así, a lo mejor será porque se echan colonia. No sé. Son mucha familia. Tienen once hijos. Dice mi madre que por la noche roban nuestros chorizos. El otro día discutieron mi madre y la tía Tomasa. Ella es la madre de todos, y tiene las tetas muy gordas. Mi madre la llamaba ladrona. La otra la insultaba. Después mi madre se subió a su habitación a llorar de pena. Yo me recosté junto a ella para calmarla. Le cogí su mano y ella me la apretó con fuerza. Todas estas cosas me preocupan mucho y me llenan de tristeza. No sabes la tristeza que siento. Lo que más me gusta es ir a pescar al río. Tengo un río con muchos peces. Cuando mamá va a lavar las sábanas mis hermanos y yo nos vamos con ella. Un día me caí de cabeza al río y un poco más y me ahogo. Lo pasé muy mal. Mi madre me lanzó una sábana y me agarré con todas mis fuerzas a ella. ¡Qué susto me di! Hace tiempo en este lugar se ahogaron dos niños gitanos. El uno quiso salvar al otro. Yo no los vi, me lo contaron; estas cosas me entristecen y lo paso mal.

Lo que más miedo me da es el diablo. En junio por San Juan lo queman en la hoguera. Dicen que es un ser muy malo con cuernos y rabo de cabra. ¡Qué miedo me da! Tengo que acostarme muchas veces con mis padres porque siento que ese bicho me va a matar y cuando lo veo quemarse siento una sensación muy rara que no sé explicar. Es horroroso que exista eso tan malo.

Ya voy a otra escuela más grande y no me gusta la maestra. No me trata bien, ni me quiere como mi madre. Eso me pone triste. ¿Por qué los demás adultos no me quieren como mis padres? No lo entiendo todavía y sufro mucho. Me fastidia que no me quieran y sean todos tan extraños.

Mi amigo Aquilino dicen que es muy listo y trabajador; yo siento algo por dentro que me hace sufrir cuando mi padre me dice que tengo que ser como él. Aquilino se levanta muy temprano a estudiar y mi padre me dice que, como no sea como Aquilino, el día de mañana no seré «un hombre de provecho». A mí me gustaría ser como él, pero yo soy un poco más perezoso y burro, porque no me entran las cuentas ni las letras. Siento mucha envidia de los niños que como Aquilino son más listos que yo. A ellos la maestra no les grita ni los castiga.

Mi padre dice que tengo que ser ministro y me apuntó a clases particulares en casa de una chica que se llama Romualda. Tiene novio y el día que se fue a la mili, gritaba y lloraba; aquello me impresionó mucho y me puse otra vez muy triste. Pensé que la mili era la guerra y allí lo iban a matar.

Al salir de la escuela me gusta ver las vacas. Son muy curiosas con los cuernos y la cantidad de tetitas que tienen. El otro día, cuando fui a por la leche, el colono Antonio me dejó ordeñar una de sus vacas. Al apretar la tetita salía un chorro de leche que producía un sonido especial y una espuma muy rica en el cubo de latón medio lleno. Todas las mañanas compramos leche recién ordeñada. Me dan mucha alegría los animales. Parece mentira que existan y sobre todo que podamos alimentarnos de ellos.

Hoy mi padre ha traído una caja de la que sale música y se oye hablar a señores y señoras con unas voces distintas a las de este pueblo. Yo miraba el cacharro y me sorprendía mucho por la cantidad de gente que había dentro de aquella caja. Me gustaba tocar los botones y el sonido que producía cuando los giraba. ¡Era sorprendente! Mi padre me dijo que aquella gente que se oía allí no estaban dentro, que estaban fuera a mucha distancia de casa. Yo no lo comprendía bien. ¿Cómo podían estar fuera si se les oía allí dentro?

Las máquinas excavadoras andaban por todo el pueblo. Eran monstruos amarillos que me atacaban. Soñaba con ellas y olía su grasa. Olían a máquinas.

El santo del pueblo es San Isidro. Mi padre aprovecha para vender botellas de cerveza y vino, y para que estén frías las mezcla con hielo que parte a trozos con un martillo en el suelo. Mis padres son muy trabajadores. Todos los años montan una cantina y la gente consume las bebidas y comen jamón, queso, chorizo...

Por la noche, un señor del pueblo toca el acordeón y la gente baila al son de la música. Me gusta mucho escuchar música. De mayor pienso ser músico.

Hoy mamá corrió mucho peligro. Resulta que los albañiles que están construyendo el pueblo van todos a la hora del bocadillo al comercio de mis padres a comprar vino y cerveza y se las toman allí. Uno de esos hombre es muy malo y se ha metido con ella. Mi madre es muy guapa y el tío aquel la quiso violar. Gracias a un hombre muy bueno que la defendió, no le pasó nada. A ese tío sinvergüenza le han echado del trabajo. Espero que nunca más vuelva por aquí y no pasen estas cosas tan tristes. Para defender a mi mamá quiero hacerme fuerte y grande.

A mi hermano Joselín le ha salido un quiste en la ingle y tienen que sajarlo. Hoy por la tarde vino el médico a curarle y, a carne viva, le hizo una raja en la carne. Mi hermano lloraba y chillaba, ¡era horrible! Me fui de casa y estuve entre las zanjas que habían excavado en la tierra esas máquinas enormes. Lloraba mientras pensaba en mi hermano. Sentí que le quería mucho. Como siempre, me sentía triste por no poder hacer nada. No comprendía por qué mi hermano tenía que sufrir tanto. Cuando llegué a casa estaba más calmado. Mi madre me dijo que le tuvieron que operar sin nada de anestesia. ¡Qué dolor, madre mía! Ahora me da mucha alegría verle de nuevo sonreír; aunque le molesta la herida, está mucho mejor. Joselín tiene tres años.

En la radio cantan una canción muy bonita que me gusta mucho. Habla del campo y las margaritas que tanto quiero, porque son muy bonitas y tienen un olor muy especial.

Cuando vamos al campo mi madre hace chuletas rebozadas con ajo. ¡Están muy ricas! ¡Qué alegría siento por las chuletas y por tener unos padres tan buenos!

Allí cerca había unos cerdos; estos animales me causan una sensación extraña. Tienen un olor muy fuerte por lo guarros que son. Lo que más me llama la atención es su hocico y las orejas. Me sorprende su mirada y es muy curioso cuando un marrano monta a una marrana. ¡Qué pito más largo y delgado tienen! Mi padre me explicó muchas veces que eso lo hacían para tener cerditos. Muchas veces vi al toro montar a la vaca, el gallo subirse encima de la gallina agarrándose con el pico a su cabeza…; era divertido. Otras veces oí a papá y a mamá respirar muy fuerte, ¡a lo mejor hacen lo mismo que los animales! No estoy seguro, porque no los he visto nunca.

Mi padre tiene una escopeta de dos cañones. Casi siempre me voy con él. Caza liebres, patos, conejos, perdices… Admiro mucho a mi padre porque es un gran cazador. Es mi héroe. ¡Nadie caza como mi padre! Un día estaba con él en el campo cogiendo espárragos y de pronto me dijo:

—Marianín, vámonos a casa que creo que ha pasado algo grave —aquel día murió su padre, el abuelo Cándido. Nunca podré olvidar ese momento. Mi padre se hizo cartero y me dio la responsabilidad, ya desde muy pequeño, de repartir las cartas a los vecinos del pueblo. Es muy bonito ver a la gente alegrarse cuando reciben cartas de sus familiares. Y saltan de alegría cuando reciben un giro color rosa, porque alguien se acuerda de ellos y les manda dinero.

Los Reyes Magos me ilusionan mucho. Tengo fe en los Reyes Magos. Creo mucho en Melchor, porque es el rey que me trae mis regalos. Hoy, día 5 de enero, al atardecer mi padre y yo fuimos a recolectar nabos. Mi padre me hablaba de los Reyes y yo le hacía muchas preguntas. Él me respondió a todas. También le pregunté si los Reyes meaban, y me dijo que también cagaban. Los curas me producen una sensación extraña; también me pregunto si ellos tendrán pito para mear, y qué llevarán debajo de la sotana, ¿bragas quizá?

Mi padre y mi madre nos llevan todos los domingos a misa, dicen que el domingo es para descansar porque así lo manda Dios. ¿Y a Dios no le manda nadie? Yo no entiendo bien eso de Dios. Tiene que ser alguien muy bueno con una barba blanca y muy luminoso. Y si Dios es blanco y luminoso, ¿por qué los curas son tan negros?

Las misas me aburren, no entiendo esa lengua que se llama latín. Dice mi padre que el que sabe mucho, sabe latín. Los curas deben saber mucho, pero yo no entiendo nada. Unas veces porque hablan en latín, pero cuando hablan en castellano tampoco entiendo nada. Me dan miedo con el demonio. Ese bicho del mal tiene que ser horrible y más horroroso debe ser el infierno en llamas, donde las personas malas se queman para siempre. Tengo que ser muy bueno para no ir al infierno. Mi madre me ha puesto una cruz de palo para protegerme del diablo.

El otro día me dijo don Ramón, el cura del pueblo, que si quería ser monaguillo y yo le dije que bueno. A mí me da mucha vergüenza ponerme delante de toda la gente del pueblo, pero voy a probar. Hoy hicieron la comunión muchos niños y niñas y tuve que poner la patena, que es una bandeja de plata, debajo de la barbilla de los niños cuando van a recibir la sagrada hostia. Uno de ellos, Andresín, es muy bruto y al ir a ponerle la patena, le pegó un mordisco y no quería soltarla. ¿Se habría pensado que era la hostia? El cura no se lo podía creer. Yo tiraba pero el no soltaba, se la tuve que dejar en la boca y se marchó con ella. Todo el pueblo se sorprendió mucho. La misa siguió y terminó, y yo me preguntaba: ¿Dónde estará Andresín? Fui a buscarlo y lo encontré mordiendo la patena como si fuera un filete de ternera. «¡Que eso no es la hostia!», le dije y me dijo que a él no le gustaba la hostia. «¡Qué niño más raro!», pensé.

Hoy he ido a la casa de la maestra. Es una casa que huele distinto a todas las demás casas del pueblo. Mi casa huele a chorizos, jamones, queso…, todo mezclado, y las casas de los colonos huelen a ganado y a campo. La casa de la maestra huele a señoritos. Me gusta ese olor, pero no me gusta mi maestra. Es muy chillona. Yo creo que estoy odiando las letras y los números por culpa de ella. En su casa hay un hombre que debe de ser su marido. Nos manda y parece simpático. Nos ha dado caramelos a mi hermano y a mí.

Hoy es mi cumpleaños, me siento bien. He jugado con mi padre al balón. Me encanta jugar con mi padre. Dice que cuando sea mayor tengo que ser el mejor futbolista. Yo creo que no voy a ser futbolista, porque en vez de dar patadas al balón, le doy patadas a las piernas de mis amigos. Otras veces me confundo y en vez de dar patadas al balón doy patadas a las piedras. Mis amigos me tienen manía y muchas veces no me dejan *jugar. Yo creo que soy muy burro y no aprendo ni las letras, ni los números, ni a jugar al balón..., ni nada de nada. Por ser así me pongo muy triste y tengo miedo a aprender. Mi padre muchas veces me dice que el día de mañana no sabe lo que va ser de mí y esto me hace llorar porque si no aprendo no voy a tener trabajo para comer. ¡Jo, qué pena siento y qué envidia por no ser como Aquilino!*

Todas las tardes comemos tomates y sandías en el corral de la casa. Es verano y hace mucho calor. Le estoy cogiendo manía a los tomates. Son muy grandes y rojos y, para comerlos, los partimos por la mitad y les echamos sal. Me gustan más las sandías y los melones.

Una cosa que me gusta mucho y me hace mucha ilusión es recolectar los huevos de las gallinas en el gallinero. ¡Qué calentitos están recién puestos y qué bonitos son los huevos! Me sorprende mucho que de ahí salgan pollitos. ¡Qué maravilloso! Tenemos muchas gallinas blancas y gallos. También tenemos un gallo inglés que nos despierta por las mañanas con su ¡quiquiriquí! Este gallo es mi favorito, le quiero mucho. Hoy me pica la cabeza y todo el cuerpo y no sé por qué. Mi madre me ha mirado la cabeza y dice que estoy plagado de piojos. ¡Es verdad, bajaban hasta por los brazos! Son rojos, muy pequeños. ¡Qué asco! Me siento mal con tantos picores. Como estuve en el gallinero, pues me he infectado de piojos. Mi madre me bañó en un barreño con agua caliente. Estoy harto de los piojos porque son muy molestos. Siempre que voy al gallinero o cojo nidos de los árboles, me lleno de piojos.

Hoy dicen mis padres que va a venir Franco. ¿Quién será ese hombre tan importante? Dicen que es como el rey de España. Hoy me he enterado de que vivo en España; es un lío, porque yo donde vivo es en casa de mis padres. España y Franco son dos cosas que no me entran en la cabeza, ¡como soy tan burro no lo entiendo muy bien! Dicen que Franco salvó a España y ganó la guerra. Las guerras no me gustan nada, me ponen muy triste. En el colegio me cuentan historias de muchas guerras y veo que son muy malas porque muere mucha gente. Dicen que cuando sea mayor tendré que aprender a disparar para ir a la guerra. ¡No me gusta y lloro mucho porque me pongo muy triste! Con lo bonita que es la vida, los animales, el campo, mi río, el olor de la naturaleza. ¡Nunca iré a la guerra! Ahora comprendo un poco a mi señorita, cuando su novio se fue a la mili. Lloro pensando que tengo que separarme de mis padres. Y si luego me matan, ya no volveré a verlos nunca más. No quiero hacerme mayor, porque no quiero ir a la guerra, que es una mierda.

Dice mi padre que Franco ya pasó y detrás de su coche le seguían un montón de coches más. Yo pensaba que iba a ir a mi casa a tomarse un vino con el jamón de Jabugo tan rico que tienen mis padres. Seguro que mi padre le hubiera puesto un tomate de los grandes con un poquito de sal. Este señor Franco tiene que ser muy importante porque pasa de largo y no habla con la gente del pueblo. Qué será, ¿un general o un cabo? Mi padre fue cabo en la mili. Allí aprendió a disparar la escopeta, pero no le agradan las bobadas que tuvo que hacer para practicar la mierda de la guerra.

Hoy he subido a la parte de arriba de la casa donde guardamos las patatas y las cosas viejas. Me llevé una sorpresa muy grande porque allí estaba el hijo mayor de la tía Tomasa sentado en un saco y con el pito fuera. Se lo estaba tocando con las manos. Era un pito muy grande, más grande que el mío. El pito de un chico de dieciséis años es grande y le llaman «nabo». El mío debe ser una zanahoria pequeña. Me dijo que se lo tocara y yo me negué. No me gusta tocar los pitos de los demás, es pecado y me fui de allí corriendo. Pero se me quedó en la cabeza aquel pito tan grande. Yo quería que el mío fuera tan grande como el de Hermenegildo. Tendría que esperar a hacerme mayor.

Vivimos con esta familia de colonos y mis padres están hasta las narices de ellos, porque por las noches nos roban en la tienda. Yo muchas veces me peleo con los de mi edad porque no quiero que nos roben más. Ellos son diferentes a nosotros. Nosotros les respetamos y ellos no nos respetan a nosotros. Mi madre últimamente discute cada vez más con la señora Tomasa, la de las tetas grandes, y esto se hace cada vez más insoportable.

Dice mi madre que tengo muchos tíos y tías, primos y primas. Yo aquí no veo que venga nadie. Alguna vez nos visitaron mi abuelo y mis tíos (el padre y los hermanos de mi padre). Me gustaría conocerlos a todos. Dicen que los hijos de los hermanos de mis padres son como hermanos míos. A ver si algún día viene alguien a vernos y se queda con nosotros, porque estamos muy solitos.

El mes que viene dice mi padre que vamos a ir a

Zafra y conoceremos a toda la familia. Dice mi madre que tengo un primo muy listo y los otros también son listos, pero menos. Estoy deseando ir a Zafra. Por las noches no puedo dormir pensando. Me hace tanta ilusión... No sé cómo vamos a ir, si en burro o andando. A mis abuelos, los padres de mi madre, los conozco un poco y les quiero mucho. Yo necesito que me quieran y necesito quererles de verdad, porque si no me siento mal y me enfado mucho con todos. Me convierto en un monstruito cuando no recibo cariño. Odio a los que no me aman porque no me dan importancia y me siento muy poca cosa. Cuando siento que quieren a los demás y a mí no me quieren me entra mucha tristeza y envidia.

Ya sé cómo vamos a ir a Zafra. ¡En coche! Un amigo de mis padres que vive en Zafra ha venido a casa y nos vamos con él. Nunca vi un coche hasta hoy. Es de color negro con unas ruedas grandes y con radios como los de la bicicleta de papá. Metimos todos los bultos y las maletas en una cosa que se llama maletero. El coche se arranca con una manivela que el amigo de mis padres mete por la parte delantera del coche. No quiere arrancar. Mi padre y su amigo sudan mucho de tanto esfuerzo. Dice este señor que se va a comprar un Seat-600, un coche moderno, porque ya está harto de este cacharro. ¡Por fin arrancó! A mí me gusta mucho el coche. Nos montamos. Mi padre se sienta al lado del conductor. Le gusta hablar de sus cosas y pregunta mucho. Mi madre y mis hermanos vamos atrás. Todos estamos muy ilusionados y alegres. Veo el campo moverse y me confundo, ¿quién se mueve, el campo o nosotros? Nosotros nos movemos. Me gusta observar las montañas y que me dé el aire en la cara. Todo es precioso. ¡Estoy muy contento! Dice mi madre que ya hemos pasado el cortijo que tuvo mi abuelo José y qué ya estamos llegando a Zafra. Allí está. ¡Jo, qué pueblo más grande! «Aquella torre que se ve allí en el centro es la parroquia de San Miguel», dijo mi madre. «Zafra es muy antigua», dijo mi padre. Estoy muy nervioso y muy contento. Me da mucha vergüenza conocer a mi familia. Entramos en Zafra y ya estamos en una calle que se llama Obispo Soto. El coche se para y nos bajamos todos de él. A pocos metros y en la acera de enfrente hay una señora llenando un cubo de agua.«Mamá, ¿que es aquello que echa agua?» «Es una bomba de sacar agua», me dice. ¡Jo, qué cosas! Cuando se va la señora me acerco a la bomba. Agarro el mango e intento sacar agua. Al principio no sale ni una gota, pero después un buen chorro de agua cristalina choca contra el suelo salpicando los pies de mis hermanos. Ellos beben y juegan a mojarse. ¡Qué divertida es la bomba del agua! El olor de la casa de mis abuelos me gusta mucho. Siento que allí hay gente que nos quiere. La escalera de entrada es muy empinada y en la puerta de entrada, arriba, hay una imagen de Jesús. Es el Cristo del Rosario iluminado por dos farolillos. Siento aquella imagen como un misterio y algo muy especial. Mi abuelo José nos recibe sentado en su sillón de madera. Está inválido con reuma por todo el cuerpo. Usa muletas. Me da mucha pena ver que no puede moverse. Siento que es un hombre muy bueno. Mi abuela Catalina me da un beso y siento su piel muy suave y blanca sobre mis mejillas. Siento que los quiero mucho. Aun-

*que no haya estado con ellos, son para mí algo muy
especial. Estoy muy contento y protegido, al estar con
toda la familia. Los sentía muy cerca, me transmitían
mucho amor y les quería de verdad. Y mis primos,
¿dónde estarán? Tenía ganas de verlos y conocerlos.
Mi abuelo es un santo, nunca protesta por nada y siempre está contando chistes. Normalmente está sentado
en un sillón de madera de color marrón. Como no puede moverse se tira pedos y pide perdón. El médico le
ha dicho que no aguante los gases. Un día estuvo a
punto de morirse por aguantarse los pedos. Aunque
cuenta chistes y nos hace reír, es muy serio. Todos le
tenemos mucho respeto. Sus manos están desfiguradas
por la artrosis y el reuma. Mi madre sufre mucho por él
y mi abuela lo cuida con mucho cariño. Papá dice que
como el viejo no hay nadie en el mundo.*

*Por fin he conocido a mis primos. Tienen un tono de
voz que me gusta y además su piel es muy blanquita.
La que más me ha gustado ha sido mi prima, es muy
guapa. ¡Yo no sé qué tienen las niñas que me gustan
tanto! Cuando me enamoro no dejo de pensar en ellas.
Son como los angelitos. Mis primos son como mis hermanos, así lo siento, porque son los hijos de las her-
manas de mi madre. Me gustaría vivir en Zafra para
estar siempre junto a ellos. Dice mi madre que mi primo Pepe Carlos es el más listo de todos, y Manolito es
muy travieso. Yo cuando sea mayor quiero ser como mi
primo Pepe Carlos.*

*Siempre pienso que podían ir a vernos para no
estar tan solitos como estamos en La Bazana. No
entiendo bien por qué mis tías, mis tíos y mis abuelos
no van a visitarnos nunca, porque yo no me acuerdo de*

haberles visto por allí. ¿Es que no nos quieren de verdad? Es muy raro.

Mañana nos vamos de nuevo a La Bazana. Me gustaría mucho quedarme aquí. A mis padres también les gustaría quedarse, pero mi padre tiene que ganarse la vida vendiendo por aquellos pueblos del Plan de Badajoz.

Esta noche vamos al circo. ¡Qué ilusión! ¿Qué será el circo? ¿Qué habrá en el circo? Ya estoy en el circo. Los payasos, las fieras… Yo quiero ser payaso porque me gustan sus narices rojas y decir y hacer tonterías para que la gente se ría. Los elefantes, los leones, los tigres, los monos… me impresionan mucho. Yo no sé cómo es posible que existan animales tan grandes y fieros. Los leones cuando abren la boca y veo sus colmillos afilados me dan miedo. ¡Y comen carne! Mi tío me ha dicho que si soy malo me puede comer un león. ¡He sentido mucho miedo! También me dijo que nos lleváramos un león a casa para que los lobos no bajen a molestarnos y los ladrones no nos roben los chorizos y los jamones. Mi madre le dijo que sería peor, porque un bicho tan grande se lo comería todo en un momento. ¡Qué bonito es todo! Zafra me gusta pero me siento muy pequeño y raro en los comercios. La calle Sevilla está llena de tiendas. Venden de todo y hay un olor que me gusta mucho. Lo que no puedo entender es por qué me da todo tanta vergüenza y me pongo colorado. Cuando estoy en el campo me siento bien, todo es natural, pero entre edificios y tiendas siento como si no fuera nada. Me siento muy insignificante. Las miradas de la gente no las aguanto. No puedo entender por qué me pasa esto y lo paso muy mal. ¡Es todo tan importante!

La iglesia de San Miguel es grande y muy bonita. ¿Aquí vivirá Dios de verdad? Cuando suenan las campanas me gusta escucharlas, son sonidos que entran en mis oídos y me producen muchas sensaciones de felicidad. ¡Es todo tan importante, tan grande, tan mágico...! Los helados. ¡Hummm, cómo me gustan los helados! Me gusta mucho Zafra. Las aceras cuadriculadas parecen de chocolate gris.

Cuando vamos con mi padre al bar, nos pide unos palotes de pan tostado que están muy ricos. En el bar mi padre toma vino y habla con sus amigos. Mi padre se siente muy orgulloso de sus hijos, y nos presenta a mis hermanos y a mí. «Éstos son mis hijos», dice muy orgulloso. Habla de lo listos que somos, pero la gente no le cree y le miran de forma rara. Siento que la gente no nos quiere como él. A ellos les damos igual y a mí estas cosas me hacen sufrir, porque me gustaría que me quisieran como me quieren mis padres. Siento que no es así. Sería todo muy bonito si todos sintieran lo que sienten mis padres. Podríamos pasarlo mejor. Creo que la gente extraña es demasiado antipática. En mi familia también hay gente muy rara que no nos quiere.

Hoy nos vamos a casa. Aunque me gusta Zafra, tengo ganas de volver al campo. No sé, allí siento menos vergüenza y no tengo ningún miedo. ¿Por qué tendré miedo? Sé que la familia de mi madre se critican mucho y se hacen mucho daño entre ellos. Estos últimos días los he visto y oído y no me gustan. La crítica les hace sufrir y hace sufrir a mis padres y abuelos. Yo me quiero marchar ya, estamos mejor allí sin tantos problemas. Aunque sufrimos mucho, no tenemos que aguantar las tonterías de nadie.

Regresamos en el mismo coche por la tarde ya ano-checido y había Luna llena. Nos faltaba muy poco para llegar y allá en lo alto de unas rocas aullaba un lobo. Su aullido se metió en mí para siempre.

Ya estamos en casa, me gusta mi casa aunque sea pobre y esté medio construida. La puerta la hizo mi padre. Creo que no vamos a durar mucho tiempo en este pueblo, porque la gente que vive con nosotros nos ha vuelto a robar y mis padres discuten de nuevo con ellos porque nos han robado un jamón y varios quesos. Me pongo muy triste al ver a mis padres tan preocu-pados y pobres. Mi padre aquella noche, como otras, nos hablaba de lo dura que era la vida y nos hacía llo-rar. Él lo había pasado muy mal de niño. A los diez años vendía con su padre cera y otras cosas. Nos decía que teníamos que ser buenos porque en el mun-do había mucha gente que hacía mal. Nos acostamos. Mi padre y mi madre nos dieron un beso y después nos arroparon. ¡Qué buenos eran mis padres! Mi madre era tan santa como el abuelo. Al día siguiente mi padre se marchó con la burra cargada de vino para venderlo en los pueblos de alrededor y mi madre nos llevó con ella al río a lavar la ropa sucia de todos los días que estuvimos en Zafra.

Hoy es un día del mes de diciembre. Hace frío. Por la noche llovió mucho y las zanjas y los pozos se lle-naron de agua. Son muy peligrosos. Está todo lleno de barro. A mí me gusta mucho meterme en los charcos de agua con las botas de goma que me compraron hace tiempo. Mis padres están discutiendo otra vez porque ya no aguantan vivir como viven. Les oigo y sufro mucho. Tengo un caballo de cartón. Me monto en él y galopa, y si me abrazo a su cuello me sirve de consuelo. ¡No soporto más que mis padres sufran tanto! ¿Por qué la vida trata tan mal a mis padres? ¡Dios mío, ayúdanos!

Es por la tarde. Salgo de casa. Quiero irme lejos. Necesito olvidar tanto sufrimiento. Camino dando golpes en el suelo encharcado. ¡Dios mío, ayúdanos! Miro al cielo a ver si hay alguien allá arriba que me oiga. Echo la cabeza hacia atrás y camino con los ojos cerrados. Me consuela esta postura y me hace olvidar. A medida que me alejo, dejan de oírse las voces crispadas de mis padres. Siento placer de hundir mis pies en el barro. Piso fuerte y me salpica el agua y el lodo. Ando sin saber adónde voy. No quiero saberlo. Ahora soy feliz sin pensar en nada. Quiero olvidarme de todo. Alguna vez abro los ojos para saber por dónde voy, pero no me importa. De pronto siento que mis pies se deslizan por el barro. ¿Qué pasa? ¿Dónde estoy? ¡He caído en uno de esos malditos pozos de las obras! Quiero salir. Está medio lleno de agua y lodo y me cubre hasta los hombros. ¡Malditos pozos! Me duele el tobillo y la rodilla. ¿Qué hago ahora? ¿Cómo salgo de aquí? ¡Tengo mucho miedo a morir! ¡Me voy a morir! ¡Socorroooo! Tengo que gritar muy fuerte para que me oigan. Nadie me oye. Intentaré salir como pueda. ¡Qué nervioso estoy! Intento trepar pero la tierra se desprende. ¡Es imposible subir! ¿Cuántos metros será de profundo? ¿Dos metros? ¡Qué profundo es este pozo, de aquí no saldré nunca más! ¡Estoy perdido! ¡Qué frío tengo! Voy a intentar subir de nuevo. Así. Pongo el pie aquí, la mano y... ¡No puedo subir, me resbalo de nuevo! ¡Voy a morir ahogado! ¡Jesús, ayúdame! Voy a rezar a ver si Dios me oye y me salva. No puedo respirar y el barro está subiendo. ¡Qué angustia siento! ¿Qué hago? ¡Socorroooo! ¡Socorroooo! Seguiré gritando, alguien me oirá. ¡Estoy manchado de barro hasta las orejas! Mi pelo es barro. Siento mucho frío en todo el cuerpo. ¡Socorroooo! Se me ha salido una bota. ¡Socorroooo, sacadme de aquíiii! Voy a intentar subir otra vez. Joer, la otra bota también se me ha salido. No me importan las botas, quiero vivir. ¡Socorroooo, sacadme de aquíiii! Nada, no hay nadie que me oiga. Voy a morir. No quiero morir. No quiero hacer sufrir a mis padres. Con los mocos, las lágrimas y el barro, ¡vaya sabor tan malo que tengo en la boca! ¡Papáaaa, mamáaaa, os quiero muchooo! ¡No quiero morir! No hay nada que hacer, cerraré los ojos y me iré con los angelitos. Allí en el cielo se estará muy bien. Me da mucha pena dejar a mis hermanos y a mis padres. Voy a intentar subir de nuevo. ¡Mierda de barro! Me resbalo de nuevo. ¡Es imposible subir! ¡Tengo mucho frío! Me duelen los huesos de todo el cuerpo. ¡Mierda de mocos! ¡Estoy muy mal! Tengo que seguir gritando. ¡Estoy aquíiii, sacadme de aquíiii! ¡Me he caído a un pozo, socorroooo! Nada, nadie me oye. ¡Qué pena siento, voy a morir muy joven. Si no he vivido nada. Y mi perro «Kiki» ¿dónde estará? Si estuviera aquí estaría ladrando para que me sacaran. Voy a cerrar los ojos. Si Dios quiere que muera, pues moriré, pero no es justo morir tan joven. ¿Me estarán buscando? No puedo perder la esperanza. Seguiré gritando. ¡Socorroooo, estoy aquíiii! ¿Dónde estará la gente? Nadie me oye. Pues bueno, moriré, pero no voy a morir como un cobarde, intentaré salir de nuevo de este hoyo estúpido.

¿Por qué te has puesto en mi camino, hoyo maldito? ¡Qué frío tengo! ¡Ayyy! ¿Qué es eso que ha caído en mi cabeza? ¡Es una cuerda! Alguien trata de ayudarme. «Agárrate a la cuerda», me dice la voz de una niña. ¡Qué alegría, me van a salvar!

Mi amiga María me ayudó a salir de aquel pozo. Nada más salir empecé a toser. Miré a los ojos de mi amiga y empecé a llorar. Las lágrimas se mezclaron con el barro y los mocos. «Gracias, Mari», le dije emocionado. Mi amiga tiene once años y es muy guapa. Me acompañó a casa. Cojeaba, porque llevaba uno de los tobillos hinchado. Mari me salvó la vida, pero gracias a Dios que me oyó gritar. Me hizo sufrir mucho, en aquel momento no tenía que morir y estoy aquí para contarlo.

Sentí una mano cálida dándome masajes muy suaves y circulares en mi frente. Toda mi atención fluía concentrada en esa agradable sensación. Después del agobio del último recuerdo, me encontraba nervioso y necesitado de protección.

—Por hoy ya basta. Abre los ojos y siéntate en esta silla —había cinco sillas de madera que parecían muy incómodas. El asiento era estrecho y el respaldo muy recto.

—Estas sillas son especiales para practicar la respiración.

—¿Respiración? —me sorprendí.

—Sí. Yo además de recetar fármacos enseño al paciente a centrar su mente a través de la respiración o «pranayama».

—¿Pranayama?¿Esto tiene que ver con el «yoga»?

—Sí. Efectivamente. El psicoanálisis es necesario para que salgan a la luz de la conciencia las impresiones y tendencias afectivas. Una vez que el paciente es consciente de todos los aspectos conflictivos y ocultos de su pasado, es necesario que encuentre también la paz natural que lleva dentro. Y no sólo eso, la interiorización de su energía y su conciencia cambia la impresión negativa en lo más profundo del cerebro, regenerándolo. Eso se consigue a través de una atención sostenida sólo en el fluir de la respiración. La oxigenación es un reencuentro terapéutico con la paz interior. No todos los pacientes se pueden beneficiar de este sistema, porque no creen en él, pero los que experimentan sus sensaciones y resultados se aferran como algo real y evidente a sus beneficios, para la curación y encarrilamiento de su vida afectiva y bioquímica.

—¿Cómo me ves?

—Ahora en estos momentos te veo bien, pero tu mal persiste todavía. Está vivo en tu inconsciente y es ahí donde vamos a trabajar. Es necesario sacar a la luz todas aquellas vivencias que desde lo invisible te dividen y están operando sin darte cuenta en tu vida normal.

—No sabes cuánto he luchado para conseguir un poco de equilibrio.

—No me cabe ninguna duda. Desde muy pequeño fuiste víctima de una sobrecarga de preocupaciones que absorbieron tus recursos para una evolución normal. Tú eres muy sensible y percibes los acontecimientos muy intensamente. Podrías haber sido ministro, es un decir, o un destacado y sobresaliente profesional, si tu equilibrio biológico no hubiera sido afectado. Tus energías disminuyeron al ser absorbidas por una tormenta de negativismo que operaban en ti de una forma decisiva y evidente. Todo el que tenga conocimiento, aunque sea elemental, de biología, sabe que el negativismo produce sus propios productos de desecho. Tu infancia fue muy tensa y posiblemente agotó determinados nutrientes de tu organismo, sobre todo vitamina B y C. Las preocupaciones, las recuperaciones de enfermedades o cuando se lleva al organismo al límite, todo lo que constituya tensiones agota las energías en forma de nutrientes. Esto es sólo un aspecto, hay muchísimos factores más que inciden de una forma desestabilizadora, concretamente la herencia genética es un factor decisivo. No olvides que en tu cuerpo entran componentes genéticos de tu madre y tu padre, pero lo más sorprendente es que somos la consecuencia de todas las generaciones que nos precedieron. Ese aspecto es algo que tienes que percibir por ti mismo para un mejor conocimiento de tu persona. Yo voy a centrarte en aquellas circunstancias que desestabilizaron tu personalidad.

—Hace ya mucho tiempo que comprendí que mis depresiones también podrían ser hereditarias.

—Existe un tipo de depresión que se llama endógena, que hace irrupción desde el interior de la personalidad. Muchas personas encierran en sí mismas una predisposición hereditaria. ¿Tú recuerdas si tu padre o tu madre eran depresivos?

—Creo que sí. No eran enfermos, pero por las circunstancias dramáticas de sus vidas seguramente arrastraban tristezas profundas. Mi padre se tomaba una copa de coñac por las mañanas para poner a tono su estado de ánimo decaído.

—Eso es normal en muchas personas que sufren depresiones; para neutralizar los sufrimientos interiores por las alteraciones psíquicas, toman la vía del alcoholismo.

—Pero mi padre no era un alcohólico.

—No, no…, no hablo de tu padre. Estoy hablando de la tendencia que existe en muchas personas depresivas con alcoholdependencia. La necesidad de ingerir todos los días una cantidad determinada de alcohol les identifica como alcoholómanos, porque buscan en esta sustancia sentirse más seguros, desinhibirse... Hay otros, los denominados bebedores excesivos, que ingieren cantidades de alcohol demasiado altas, pero sin llegar a embriagarse. Un alto porcentaje de casos ingieren alcohol por su estado depresivo. Si tu padre tomaba alcohol todos los días por la mañana, era debido a que él se encontraba después mejor, con el humor más alto, e incluso tenía más facilidad para comunicarse. ¿Es así?

—Es cierto.

—El alcohol ejerce influencia sobre la vitalidad, pero después se invierten y se reactivan los síntomas en los estados de ánimo. Los enfermos depresivos se autoengañan, porque el alcohol lo único que hace es enmascarar la depresión. ¿Tú has tomado alcohol alguna vez para evitar la depresión?

—Nunca, siempre quise superarla con mis propios recursos biológicos y mentales.

—¿Has tomado algún fármaco?

—No. Bueno, cuando tenía dieciocho años fui a un médico y me inyectaba un tranquilizante.

—¿Con qué frecuencia?

—Una vez a la semana durante dos meses. Recuerdo que no hablaba conmigo de nada, solamente me pinchaba en el brazo y me dejaba quince minutos relajándome con la luz apagada. Esas fueron las únicas visitas que hice a un psiquiatra. Aquel tipo era frío como el mármol, nunca me dijo nada. Me saludaba, me inyectaba el fármaco y me despedía.

—Hay muchos indeseables. Es verdad. Gente que no debiera ejercer, porque carecen de la más mínima sensibilidad humana. Son profesionales que manchan la dignidad de esta profesión. Pero esto es algo que tienes que olvidar.

—No se me olvida, porque yo necesitaba afecto, comunicar, desahogar mis obsesiones, que eran muchas por entonces.

—¿Te acuerdas de alguna? ¿Quieres satisfacer ahora aquel deseo frustrado y seguir contándome todo lo que te pasaba? ¿Eh? —Maribel me sonreía y me transmitía mucho cariño. Me sentía muy bien con ella, era como estar en el cielo.

—¿Alguna obsesión?

—Sí. Háblame de todas tus preocupaciones en esa edad. Desinhibe todo aquello que te hundía en la tristeza. Siéntate cómodamente, cierra los ojos y espira e inspira varias veces. Céntrate por unos momentos en el sonido del aire que entra por tus fosas nasales. Pon atención al entrar y salir del aire. Todo lo que vas a contarme hazlo con los ojos cerrados y, una vez que los recuerdos salgan a la luz de tu conciencia, los olvidarás para siempre. Tienes que grabarte que sólo son impresiones que nunca más te molestarán. Observa tus recuerdos y olvida. Lo más importante de tu vida es el presente. Vívelo y olvida el pasado negativo. Siente tus emociones positivas con mucha alegría y poder. Puedes romper tus condicionamientos mentales y ser más alegre y libre. Veamos. Cuando quieras puedes empezar.

—Bueno. Después de todo el tiempo que ha pasado, me doy cuenta de la insignificancia de aquel montón de preocupaciones que invadían mi juventud, pero en aquel momento era muy duro tirar día a día del tormento que llevaba dentro. A los dieciocho años me encontraba interno con mis hermanos en un colegio religioso. Yo no me explico cómo podía estudiar. Me sentía con capacidad para sacar mis estudios, pero mis notas eran medianas. Trataba con gran esfuerzo de concentrarme para asimilar las distintas asignaturas. Me costaba mucho, pero con todo y con eso a duras penas iba aprobando. Nunca supe descubrir qué me pasaba. Si en aquellos momentos alguien me hubiera dicho que aquello tenía un nombre, depresión, pues me hubiera ayudado bastante. Llevaba soportando aquellas tristezas toda la vida y por más vueltas que le di no logré entender qué me pasaba. Pensaba que era Dios el que me había mandado aquel tormento para comprender el sufrimiento de los demás y aprender a amar de verdad. Y era cierto, en aquella situación mi capacidad de compasión y empatía estaban muy evolucionadas. Me sentía muy unido a los más desgraciados y dispuesto a ayudarles y consolarlos, porque los entendía perfectamente. Me sentía muy humano. Yo creo que era más inteligente de lo que realmente demostraba en mis estudios. Cuando mis compañeros sacaban matrícula de honor y yo simples aprobados, me tiraba de los pelos. Les envidiaba... Me sentía con capacidad suficiente para ser como ellos, pero la realidad era que mi rendimiento, a pesar del esfuerzo, siempre tiraba por debajo de un rendimiento sobresaliente. Recuerdo que tan pronto sacaba dieces como suspensos a mansalva. Mi comportamiento era muy cambiante e incapaz de controlarlo. Tenía amigos, pero me costaba mucho conservarlos. Lo normal era estar solo. Era un gran solitario y muy tímido. Por entonces tocaba la guitarra; me servía de consuelo y desahogo cantar y componer canciones. Todas tenían un tinte realmente melancólico. Muy triste, como era mi estado de ánimo. Un día no pude soportarlo, era tanta la angustia y el agobio que me fui de clase sin decir nada al profesor. Me dirigí al dormitorio. Preparé la maleta para irme del colegio, pero antes me encerré en una de las duchas y me revolqué de dolor en el suelo. Fue como un desahogo. Era terrible el agobio, la angustia y el sufrimiento que sentía. No podía soportarlo. Pensaba que aquello sólo a mí me podía ocurrir como una prueba de Dios. Él me estaba mandando aquel tormento para probarme y hacerme más humano. Tenía la sensación de haber sido elegido para hacer su voluntad. La educación religiosa era una agravante de mi situación. Su influencia cargada de historias increíbles me dejó hondas impresiones con las que me quería sentir identificado como un nuevo protagonista de la historia religiosa. ¡Qué horror que nadie se diera cuenta de mi enfermedad! Sentía rebeldía contra todos aquellos religiosos que hablaban de amor y sus hechos eran de un claro tinte egoísta. Me fui del colegio y estuve vagando por la ciudad durante muchas horas. Anocheció y me acuerdo del miedo que sentí cuando seis o siete perros callejeros venían hacia mí agresivos. Me olisquearon un poco y siguieron su camino. Al amanecer regresé al colegio. Los curas me dijeron que no podían consentir mi conducta por más tiempo. Terminamos aquel curso. El siguiente año, mis hermanos y yo no pudimos seguir como internos. Ese fue el amor y la comprensión que recibí de los servidores de Dios.

—¿Sientes odio por ellos?

—No. Quizá revolviendo un poco en los recuerdos me sienta un poco resentido. Lo único que dejaron en mí fue dudas. Sus acciones no se correspondían con sus pensamientos. La carga de ideología era abrumadora y muchas veces «sin pies ni cabeza». Encontré también muy buenas personas, pero todos los demás eran extraños y estúpidos. Yo, desgraciadamente, estaba mal, quizá en otras condiciones habría sabido apreciar y valorar las enseñanzas de otra forma.

—Haz un silencio. Respira. Espira e inspira profundamente, así hasta que vuelva tu paz. Observa en silencio tu sentimiento de odio y corrige esta emoción que te hace daño. Cambia tu actitud y nunca más vuelvas a odiar tu pasado. Todos los recuerdos son impresiones que debes olvidar. Respira un poco más y sigue recordando; sobre todo cuéntame cuáles eran tus preocupaciones, pensamientos y obsesiones.

—Como era el hermano mayor, pues me preocupaba mucho por mi hermana, que estaba interna en un colegio de monjas, y por mis hermanos. Lo que más obsesión me producía era el rechazo que sentía por mi cuerpo. Me veía feo y desgarbado. No era atlético ni musculoso como yo había soñado desde niño. Cosas del cine. Las películas nos presentaban a galanes muy atractivos y se grabó en mi cabeza parecerme a ellos. Fue una frustración muy grande no poseer un bello cuerpo atlético. Mi cuerpo era un adefesio y no estaba a gusto con él. Ahora, después de haber superado todo aquello, lo veo ridículo.

—Ese problema lo sufren multitud de chicos y chicas. En la etapa infantil se adquieren modelos físicos y de comportamiento. Si resulta que la evolución del cuerpo no coincide con lo que mentalmente se desea y la naturaleza no ha sido generosa con las medidas y los contornos que esperábamos, se sufre mucho. No me extraña que lo pasaras mal hasta que psíquicamente asumiste esa circunstancia. ¿Cuándo empezaste a sentir atracción por las chicas?

—A los doce años ya me enamoraba como un romántico. Me acuerdo de una niña de mi misma edad, doce años. Me dejó media peseta de papel para juntarla con la otra media que tenía ella cuando fuéramos mayores, para casarnos. A partir de esa edad muchas niñas no me dejaron dormir. Pensaba en ellas y las amaba de una forma muy espiritual. Me acuerdo de la sobrina del párroco. Gloria era de mi edad, rubia como un ángel; me desvelaba por las noches. Yo sabía que era un amor inalcanzable y sufría.

—¿Sentiste alguna atracción por los chicos?

—Nunca, ni lo más mínimo. Recuerdo sentir mucho cariño y amistad, pero atracción física, ninguna.

—¿Con qué edad te echaste novia?

—A los dieciocho años me enamoré de una mujer

maravillosa. Lo más grande que he conocido en mi vida. Fue para mí un milagro. Una aparición inesperada. Pedí a Dios muchas veces que me ayudara y me mandó un ángel, sensible, evolucionado, hermoso..., un ángel al que hice sufrir mucho con el paso del tiempo, por mi forma de ser amargada y angustiada por la depresión.

—A esa edad, ¿cuántos miedos, preocupaciones y obsesiones tenías?

—Eran incalculables. La obsesión religiosa, una ideología que me afectaba profundamente y era imposible desvincularme de ella. Tanta culpa y tanto pecado era agobiante. Por todo me sentía culpable. Mis padres estaban en el extranjero y eran motivo de preocupación. Me sentía desvinculado, sin raíces. La separación familiar, a los doce años, me afectó mucho. La responsabilidad que tenía con mis hermanos. El agobio de los estudios de formación profesional. Madrid era horroroso, acostumbrado a vivir desde la infancia en el campo. Madrid fue una enfermedad. Ahora que recuerdo, vivía un infierno mental que consumía todas mis energías. No sé cómo pude soportar tanto negativismo. Siempre sentí que era un ignorante y muy burro. Quería aprender pero no asimilaba bien porque mi memoria era muy mala. Me sentía un neurótico. ¡Cuánto tiempo perdido!

—Estaba claro que necesitabas un psiquiatra.

—No lo sabes tú bien. Yo soñaba encontrar algún día a alguien que me ayudara. Sabía que existían buenas personas, especialistas entendidos, pero nunca encontré a ese sabio o sabia que dialogara conmigo con cariño, me comprendiera y cortara de raíz mi tormento. Yo solito fui investigando en mi interior para saber por lo menos lo que pensaba. Cuando estudiaba me ponía un papel al lado y apuntaba todos los pensamientos que interferían continuamente mi concentración. Fueron iniciativas mías. Sin leer libros, me surgían soluciones para ir evolucionando hacia la normalidad. Y así fui descubriendo mis fantasmas interiores. Hice que mis pensamientos brotaran a la luz de mi conciencia, quería saber qué es lo que pensaba y sentía en cada momento. Nada podría escaparse a mi control ni a mi atención. Sin saber nada de Sigmund Freud descubrí el psicoanálisis. Me psicoanalizaba yo mismo continuamente, en busca de las raíces de mi sufrimiento. Por entonces cayó en mis manos un librito de bolsillo de yoga y, al leerlo, me entusiasmó lo práctico de su contenido. ¡Cómo era posible que aquellos religiosos católicos apostólicos romanos desecharan aquella maravilla para el conocimiento y dominio interior del ser humano! Tanto hablar del interior y nunca nos enseñaron las herramientas de nuestro interior. Nunca nos hablaron de la concentración, la atención, la memoria, la inteligencia, las emociones, los sentidos... Todo aquello me parecía incomprensible, pero yo seguía enganchado a la educación metafísica como una obligación social ineludible. Conectado irremediablemente a los dogmas y con miedo a desvincularme de aquella ideología, por si acaso el cielo y el infierno después de la muerte eran verdad. Fuerzas imposibles de romper me ataban desde la cuna. Y resignado y condenado a ser salvado del misterioso pecado original del que era tan culpable como los primeros padres Adán y Eva. La culpa, el pecado... ¡qué horror de ideología! Pero por dentro era un rebelde y lo manifestaba en las canciones y poesías. Recuerdo que compuse una canción que decía:

«Estoy harto de palabras que salen sin decir nada. De promesas mentirosas, de sonrisas que desprecian. Rebosamos vanidades, si escupimos hay rivales. ¡Vaya con el hombrecito que vi un día desde lo alto! Mota insignificante, abajo se transforma en un gigante; la verdad es que está fofo, apariencia retumbante. Una promesa nos hizo con sonrisa despreciable; al terminar cierto tiempo no hay promesa, sólo hambre. Estoy harto de un reloj que marca sin compasión. La vida me hace imposible, ¡pues tendré que suprimirle! Artefactos inútiles me quitan la libertad, amarrado con cadenas ando de aquí para allá. Y toca al levantarme, también al acostarme; hace correr a la gente, ¡esto es impertinente! Doblegamos nuestra libertad a una aguja que marca y a un sonido de tictac. Y más, me harto ya de mí mismo porque como todo el mundo tengo en mí la falsedad, soy culpable y quiero dar a saber mi culpabilidad, porque estoy entre culpables y sé que me entenderán.»

Esta canción la oyeron los curas inesperadamente en una sobremesa. Nunca más volvieron a llamarme para cantar. Se me hace difícil todavía comprender cómo pudo invadirme tanto negativismo. En mí todo era brutalmente desesperante, destructivo como una tempestad. Me acostaba con la obsesión y amanecía con la misma chorrada en la cabeza. ¡Era insoportable vivir así!

—El origen de tu dolencia posiblemente se gestó en

unos momentos decisivos de la evolución de tu cerebro. En la más tierna infancia. Ese momento fue decisivo porque dejó una honda impresión depresiva cristalizada en tu mente. Las circunstancias adversas y negativas de tus padres incidieron profundamente en tu tierna personalidad descarrilando, llamémoslo así, tu tren afectivo y neuroquímico. Un niño que empieza a florecer con estados de ánimo negativos es como una planta infectada de «pulgón», se asfixia y los daños son inevitables si la infección persiste. Si no se erradica el mal, los estados de ánimo negativos lo inundan todo, modifican nuestros pensamientos e incluso nuestra memoria. ¿Recuerdas lo que hablamos de la enzima monoaminaoxidasa?

«La enzima monoaminaoxidasa destruye aminas biogénicas y congela la señal que activa las células del cerebro. En cuanto una célula ha lanzado su impulso recibe de inmediato una dosis suficiente de monoaminaoxidasa para borrar el mensaje enviado. Se trata de una de las sustancias químicas más importantes para el funcionamiento del cerebro, pero es frecuente que el sistema nervioso central la produzca en cuantía excesiva. De hecho, esta es la forma más común de depresión.»

La memoria es un fenómeno específico de estado. Un estado positivo nos hace recordar los acontecimientos con normalidad. Nuestra memoria busca datos y se desarrolla. En cambio con los estados negativos, los recuerdos no brotan con normalidad, existen continuos bloqueos que nos contraen y surgen los temores y las suspicacias. En estas condiciones se crea un descontrol emocional que obstaculiza la labor del intelecto. Las investigaciones han descubierto que la depresión no es solamente un estado de ánimo, sino una enfermedad orgánica con causas biológicas. Para volver a encauzar y controlar las emociones es necesario el conocimiento y el dominio de uno mismo, y en muchos casos ayuda farmacológica. Cuando se es niño es muy difícil ser consciente de lo que sucede, pues es una etapa de aprendizaje. Durante esos tempranos años se asientan los rudimentos de las emociones y son el fundamento esencial de todo el aprendizaje. Si la infancia se enfrenta a situaciones caóticas familiares y sociales su expectativa de fracaso es evidente. Su actitud desgraciada desarrolla a la vez una actitud derrotista ante la vida sin esperar nada de nadie. Es como un árbol torcido.

—Me siento identificado con todo lo que dices.

—Tú tenías una sobrecarga crónica de inseguridad y angustia por tu conflicto infanto-juvenil. Por todo lo que me has contado, eras un neurótico de carácter. Tu estado depresivo tenía carácter endógeno y además se te provocaba otra depresión añadida, debida a todo tu cuadro neurótico. ¿Recuerdas si tenías crisis de angustia o histeria? ¿Eras tímido?

— Sí, ya te he dicho que era muy tímido y siempre estaba angustiado y descontrolado. Tímido lo soy todavía. Cuando era un chiquillo, a la más mínima me asaltaba el rojo en los cachetes.

—Todo te producía una inseguridad muy grande, tu autoestima estaba resentida. Es indudable que todos estos rasgos de inseguridad, inhibiciones, timidez suelen obedecer a un sentimiento de inferioridad producido por un conflicto infantil. Casi siempre suele suceder, en relación con la familia. Reprimido en el inconsciente, la mayor parte de las veces se desconocen sus raíces. Tú fuiste quizá un niño sobreprotegido por una parte e influido por el autoritarismo, por la otra, entre otros muchos factores que te habrían podido influir. ¿Recuerdas si tu actitud fue presuntuosa, prepotente e incluso fanática?

—Sí, no puedo negarlo. Todos estos rasgos los recuerdo claramente; defectos que con el tiempo he ido superando.

—La verdad es que estoy sorprendida contigo. La conclusión que saco es que fuiste un gran neurótico y la persona que tengo a mi lado es un ser pacífico y bastante equilibrado. Tu mundo interior estuvo dividido durante mucho tiempo y estás consiguiendo su integración.

—No ha sido fácil mi desarrollo como persona. Todavía me encuentro dividido por muchos conflictos. Me siento orgulloso de haber desarrollado la capacidad de percepción necesaria para ver tanta complejidad, pero mi crecimiento interior todavía tiene que experimentar un gran cambio en un futuro próximo. Hay todavía muchos problemas que me dividen y pierdo concentración y energías pensando cómo son de verdad las cosas. Prácticamente he comenzado a caminar hacia el silencio y la paz interior, que es una realidad y el tesoro más grande jamás soñado por mí.

—Sí, has experimentado lo que significa mantenerte en silencio, sin ningún pensamiento o emoción que te altere. Sólo contigo mismo y toda la atención en la respiración, has empezado a sanar definitivamente.

Porque lo que trastorna al ser humano es el caos y el ruido de las continuas impresiones recibidas y sin resolver, a lo largo de toda su vida. El funcionamiento del cerebro y toda la bioquímica del cuerpo necesitan silencio, orden, unidad, entendimiento, y de esta forma brota la paz. Todo empieza a funcionar con precisión y las capacidades se amplían y desarrollan en un equilibrio perfecto. Yo entiendo que es como afinar un instrumento para que suene bien.

—¿Por qué los seres humanos nos desequilibramos tanto, Maribel?

—¡Qué pregunta!

—¿No se puede contestar?

—Sí se puede. Son muchas causas, pero la principal de todas es la ignorancia. Sabemos muy poco y nos hemos lanzado, sin saberlo, a un territorio peligroso donde el equilibrio perfecto está siendo alterado por un dios imperfecto, soberbio y majadero: *el ser humano*.

—Estoy de acuerdo contigo.

—Desde la infancia nos tuercen los comportamientos y somos, aun sabiéndolo, verdugos los unos para los otros. La naturaleza camina hacia otro tipo de evolución. Nosotros nos empeñamos en llevarle la contraria y como resultado nos entristecemos hasta el punto de desear morir para no volver nunca jamás a este mundo francamente inhóspito.

—Ya veo que también estás bastante resentida.

—Yo también tuve mis historias personales. Un largo tiempo de mi vida en crisis, hasta que pude ordenarme las ideas. ¿Por qué crees que me hice psiquiatra? Para sanarme a mí misma y poder ayudar a tanto desdichado que sufre por la monstruosidad de mundo que se ha creado. El mundo del ser humano es deprimente y todos los enfermos tienen que saber que ese mundo es una mentira. Que existe la gran verdad del amor, la salud, la vida, la enfermedad y la muerte, como algo natural. En cada ser humano hay una fuente de energías que evolucionan, y en equilibrio son capaces de cambiarlo todo. La depresión es causada por muchos motivos, pero uno de ellos es la deshumanización —Maribel se expresaba como yo lo hubiera hecho. Ya en muchos momentos me manifesté cómo sentía. Nuestro pensamiento era idéntico, quizá las circunstancias nos habían modelado de igual manera y el resultado era el mismo. Mientras hablaba se embebía en sí misma y de repente cambió su actitud. Despertó para centrarse en lo que estaba haciendo—. Bueno, pues los rasgos generales de la depresión ya los sabes. A lo largo de la vida surgen muchos factores que afectan nuestra personalidad y definen el carácter, y todo se asienta en la infancia. Por eso las semillas que se siembren en ella crecerán de una forma pacífica o violenta, marcando la personalidad del futuro ser humano. Fíjate qué responsabilidad tienen los padres y los educadores con respecto al futuro ser humano.

—Desde luego.

—¿Tus padres viven?

—Mi padre murió hace diez años —al recordar la muerte de mi padre, sentí un escalofrío en todo el cuerpo.

—¿Superaste bien su pérdida?

—Me fue muy difícil encajar ese golpe de la vida.

—Si quieres, otro día hablamos de ese tema, pues es posible que te queden restos de depresión. Este tipo de depresión es reactiva y al cabo de un tiempo todo vuelve a la normalidad. Se cicatrizan las heridas. Pero es muy delicado, pues, aunque el cerebro tiende a olvidar, todo puede estar presente como el primer día y eso es patológico.

—Mi padre vive en mí, su recuerdo es inolvidable. Yo creo que lo he superado.

—Bueno. Ahora voy a hablarte de la respiración o «pranayama», como te propuse anteriormente. Voy a leerte unos fragmentos:

«*"Prana" significa aliento, respiración, vida, vitalidad, energía o fuerza. Utilizado en plural, denota ciertos hálitos vitales o corrientes de energía.*

"Ayama" significa alargamiento, extensión, ensanchamiento, longitud, amplitud, regulación, prolongación, contención o control. «Pranayama» designa la prolongación de la respiración y su control. No es una respiración habitual y automática para mantenerse con vida. A través de la abundante toma de oxígeno que resulta de sus disciplinas técnicas, tienen lugar en el cuerpo sutiles cambios químicos y regula todos los pensamientos, deseos y acciones, aportando el equilibrio y la enorme fuerza de voluntad necesarios para convertirse en un maestro de sí mismo.

En Hatha Yoga se dice: "Mientras hay respiración en el cuerpo, hay vida, Cuando desaparece la respiración, también desaparece la vida. Regula pues la respiración."

En el pranayama la respiración se inicia en la base del diafragma, a ambos lados del cuerpo, cer-

ca de la cintura pelviana. Ello resulta en una relajación de la parte torácica del diafragma, así como de los músculos respiratorios accesorios al cuello. Esto a su vez ayuda a relajar los músculos faciales, éstos aflojan la sujeción que ejercen sobre los órganos de percepción (ojos, oídos, nariz, lengua y piel), mitigando así la tensión del cerebro. Cuando esta tensión se ve mitigada, se alcanza concentración, ecuanimidad y serenidad.

Prana es la energía que impregna el universo a todos los niveles. Se trata de energía física, mental, intelectual, sexual, espiritual y cósmica. Todas las energías vibrantes son prana. Todas las energías físicas, tales como el calor, la luz, la gravedad, el magnetismo y la electricidad, son también prana. Prana es la energía oculta o potencial que se halla en todos los seres y que se ve liberada en grado sumo en momentos de peligro. Es el motor primario de toda actividad. Es la energía que crea, protege y destruye. El vigor, la potencia, la vitalidad, la vida y el espíritu son todos formas de prana.»

BKS IYENGAR

Voy a leerte un fragmento del libro *El Tao de la salud, el sexo y la larga vida:*

Respiración y ejercicios afines

En la terapéutica taoísta, el qi es descrito literalmente como «medicina». Con el cultivo del qi mediante una respiración correcta y su circulación por el cuerpo y mente mediante suaves ejercicios rít-

micos, el paciente se cura por sí solo al generar la energía que el cuerpo necesita para sanarse. Los pacientes sometidos a terapia respiratoria reciben el consejo de pasarse una o dos horas cada día «sentados quietos sin hacer nada» mientras practican el control respiratorio para equilibrar sus energías. Hay casos realmente extraordinarios de curaciones de enfermedades.

La gente suele acudir a las artes terapéuticas taoístas como último recurso, por pura desesperación y ansias de vivir. Antes de enfermar, casi nadie piensa en el Tao. Debido a la naturaleza de su lucha, literalmente de vida o muerte, estos pacientes suelen dominar muy deprisa los métodos que les enseñan y no les resulta difícil aplicar la disciplina necesaria para permanecer sentados sin moverse durante ocho horas al día. Es asombroso lo que el cuerpo y la mente son capaces de hacer cuando la vida está en juego. Tales ejemplos deberían servir de lección para aquellas personas sanas que aseguran «no tener tiempo» para la práctica del Tao. Dedicar unos minutos diarios a la respiración profunda es uno de los mejores preventivos contra la enfermedad y la muerte prematura. Quien aprende a respirar correctamente cuando se halla en el lecho de muerte llega un poco tarde al juego de la salud y la longevidad.»

Cambio de impresiones mediante la visualización positiva

—Veamos. Coloca la espalda muy recta. Voy a enseñarte cómo es la respiración «diafragmática».

—Sé cómo es. Practico el yoga hace varios años.

—¿Entonces... ?—Maribel se sorprendió—. Ahora comprendo todo lo que me dijiste antes sobre el silencio y la paz interior.

—¡Pues claro! Gracias a este sistema he logrado integrar todas mis energías y controlar en gran parte mis conflictos.

—Bueno, pues de esta forma me facilitas las cosas. Aunque lo sepas, no estará de más un repaso. Voy a leerte otros fragmentos de un gran maestro como es Iyengar y del Tao. Ya verás cómo avanzamos. La espalda y la cabeza mantenlas rectas. Las piernas ligeramente separadas y la manos sobre las rodillas. Espira e inspira utilizando la respiración diafragmática.

«El diafragma fue previsto para la respiración. El diafragma es una membrana muscular robusta pero flexible, que separa la cavidad torácica de la abdominal. Cuando los pulmones se ensanchan, empujan el diafragma hacia abajo; cuando se contraen, lo arrastran hacia la cavidad pectoral.

Casi todo el mundo respira con el pecho, pero si te fijas en los animales, un perro, un gato, un toro..., todos ellos respiran diafragmáticamente.»

Tao de la salud

«El acto de la respiración está organizado de modo que los pulmones se llenen normalmente de dieciséis a dieciocho veces por minuto. El aire fresco portador del oxígeno vivificante entra aspirado en los pulmones, mientras que los gases portadores del

dióxido de carbono procedente de los tejidos orgánicos son expelidos en intercambio a través de los conductores respiratorios. El inflamamiento rítmico de los fuelles blandos y cubiertos de celdillas de los pulmones es mantenido por los movimientos de la caja torácica y del diafragma. Estos últimos son dirigidos y activados mediante impulsos enviados por el centro respiratorio del cerebro a los músculos implicados a través de los nervios. De ese modo, el cerebro es el responsable de la regulación de la respiración, así como de las tres funciones mentales del pensamiento, la voluntad y la conciencia.»

Bks Iyengar

Práctica

—Cierra los ojos y pon atención exclusivamente en la espiración y la inspiración. Concéntrate en la respiración. Observa todos los pensamientos que vengan a tu mente y no les des importancia. Se trata de soltar toda la tensión que hay en tu cuerpo y que tu mente se mantenga en calma sin ningún pensamiento que la altere —Maribel me hablaba con mucha ternura, sus palabras entraban en mis oídos como dulces melodías. Por momentos me relajaba tanto que sólo escuchaba el sonido de la respiración y su voz melodiosa. Una dulce sensación me invadía. Todos los pensamientos y sensaciones iban desapareciendo como absorbidos por la impresionante paz que por momentos me inundaba—. Voy a recordarte algunos aspectos de tu infancia en los que te sentiste profundamente triste. Vas a cambiar tus imágenes. Si te encontrabas triste, ahora estarás alegre porque tú mismo vas a transformar tu impresión negativa por una actitud positiva. Recuerda: lo que hay en tu mente sólo son recuerdos del pasado que ya no existen. Impresiones que absorben tu capacidad quizá sin saberlo. Sólo los acontecimientos del presente son importantes.

«Imagina a tu madre cuando te estaba peinando. Siente alegría porque cuando te hagas mayor podrás amarla mucho más. Lo más importante es sentir puro amor y alegría hacia ella. Ningún egoísmo te asalta cuando hay auténtico amor. Este sentimiento te hará fuerte y poderoso para hacerla feliz y tú a la vez serás más dichoso todavía.»

«Haciéndote adulto creces. A la vida venimos a crecer. Siente alegría porque está creciendo tu interior. Todos los adultos no son iguales. Observa el mundo diverso que existe y verás las diferencias. Unos han crecido y madurado su interior y otros se han quedado raquíticos en su maldad. Tu objetivo es ser un adulto bueno y alegre. Crea todas estas imágenes en tu mente. Siente profunda emoción y alegría.»

«Las miradas no te hacen daño porque carecen de importancia; no mires, ni pienses que te miran, ellos están en sus mundos y no se dan cuenta de que existes. Sólo si te comunicas y siembras amistad y amor, ellos te tratarán y sentirán de otra forma. Tus padres son tu alegría. Los extraños son como el campo que hay que sembrar con buenas semillas, para recolectar la alegría de vivir.»

«La compasión y la acción son buenas. En aquellos momentos de tu infancia eras muy sensible. Es bueno potenciar tus valores con alegría. Acércate a

aquel hombre que estaba loco y ayúdale. Enséñale a sonreír con todo tu amor, ayudándole en lo que te necesita. Protégelo de las burlas de los inconscientes niños que se ríen de él. Siente amor profundo y alegría por ayudar al prójimo débil e indefenso.»

«La gratitud es muy importante. Regala alegría de vivir y estate abierto a ayudar al que te lo solicite. Ama. Observa a tus padres con alegría. Aquellos padres del pasado ya no existen, observa cómo se quieren y se alegran juntos. Todo les va bien. Tus padres y tus hermanos sois una familia feliz. Ya no existen los problemas del pasado, el presente es otro.»

«Todos los animales son necesarios, no tengas ningún miedo y ensancha mucho más tus buenos sentimientos por toda la naturaleza. Observa cómo la señora Tomasa y tu madre se abrazan en son de paz y amistad. La alegría de la amistad y el amor inundan toda tu vida. El pasado sólo existe en tu cabeza y tienes que saber depurar las malas impresiones que sólo son molestias en el presente.»

Así estuve un largo espacio de tiempo. Recibía muchos mensajes positivos con aquel timbre de voz delicioso. Me producían felicidad. No tenía la certeza de saber si este método era eficaz, pero la verdad es que me impresionaba y hasta lloré de emoción al sentir que los momentos amargos que había vivido en mi infancia ya no significaban nada.

Consideraba las visualizaciones como algo artificial hasta entonces, pero aquéllas tenían algo especial. Era mi propia historia personal y tenían un significado muy profundo: mi propia vida.

Las circunstancias no se pueden cambiar en el momento que se viven, pero una vez que han pasado, me parecía una estupenda idea hacer el cambio de todo lo malo y angustiante, por motivaciones positivas. Lejos estaba de engañarme, era más bien una transformación emocional y biológica. Entendí claramente que todas las emociones dañinas que guardamos no sirven para nada. Sólo nos hacen sufrir, condicionando nuestra vida a padecer por culpa de los fantasmas mentales que habitan en el subconsciente. Evidentemente tienen un poder inmenso sobre nosotros cuando le damos atención y emoción. Un rencor del pasado puede estar haciéndonos la vida imposible por la carga de preocupaciones que contiene. Yo lo sabía bien, porque estuve alimentando durante mucho tiempo, sin ser consciente, un pasado envuelto en la bruma y en el mito. Entendía que mi presente era una consecuencia de todos los hechos del pasado, pero era un tesoro grande y único, que merecía la pena vivirlo en la madurez con mayor intensidad. Necesitaba poseer toda mi libertad mental sin ataduras. Ansiaba liberarme de una vez por todas de la invalidez que me había causado mi depresión crónica. Aunque estaba liberado ya de una gran carga, todavía sentía el peso de lo invisible, miedos y conflictos, que no sabía por qué me condicionaban en los momentos más inoportunos. Mis tremendas frustraciones por todos los frenos de mi accidentada evolución los sentía en forma de complejos de inferioridad. Eran claras resistencias a mi evolución, por falta de conocimientos. Sólo tenía que dar el gran salto, liberarme de mí mismo y de las opiniones de los demás. ¡Ay, los demás! Cuántas trabas y condicionamientos me habían puesto para ser normal. Yo creo que lo más difícil del mundo es superar las influencias negativas de la imaginación que ejercemos los unos sobre los otros. Este es el gran mal que destruye la familia y las relaciones humanas en las empresas. Pensamos mal y desconfiamos demasiado de nuestros semejantes

—Respira hondo y deja que tus impresiones positivas de alegría te afecten profundamente. Abre los ojos y deja que los objetos, la luz, los colores penetren en ti. ¿Qué tal? —Maribel daba por terminada su inestimable colaboración.

—Muy bien, es realmente sorprendente. Con seres como tú, la vida adquiere sentido. Te quiero, Maribel.

—Yo también te quiero y por esto me sientes de otra forma. El amor es un sentimiento tan necesario y vital que obra milagros. ¡No sabes tú cuánta gente se va de este despacho liberada y con fuertes ganas de vivir! La depresión impide que las energías positivas se manifiesten con toda intensidad a lo largo de la vida. El trastorno de la vitalidad es tan grande, que bloquea y paraliza otros aspectos, con los que gozamos auténticamente de la vida. Los sentimientos vitales se alteran produciendo estados de ánimo negativos, pérdidas de energía, falta de empatía y sintonización..., son muchos los síntomas que atan al ser humano que padece depresión. Afecta al núcleo vital psicocorporal cuyas manifestaciones no son sólo afectivas. La depresión arrastra al abatimiento. Ya lo sabes por pura experiencia.

—Es muy doloroso. Parece mentira que la sociedad subestime esta enfermedad y no le dé la importancia que tiene. Un depresivo puede estar etiquetado y desprestigiado por el simple hecho de serlo. Yo me he sentido muchas veces como si fuera ciudadano de tercera categoría. Algo inservible por el hecho de estar tremendamente triste y abatido.

—Pero esa actitud no solamente la padecen los depresivos. Los enfermos de *sida*, los de *cáncer*, *lepra*..., hay un sinfín de enfermedades que marcan al ser humano y lo marginan. Así es la sociedad superficial y decadente en la que vivimos. Es triste pensar cómo los prejuicios, la arrogancia perfeccionista, el egoísmo..., en definitiva, la falta de valores, se instalan en todos los ámbitos de la sociedad, anulando el sentido de realidad natural, que en definitiva es la enfermedad y la muerte sin remedio. ¿Tú crees que si se tuviera conciencia total de la muerte se cometerían tantas imprudencias e inútiles comportamientos?

—Mujer, no me deprimas.

—¿Te afecta?

—No, no..., es broma. La muerte es algo muy serio y creo que muy pocas personas son capaces de asimilar su realismo sin traumas.

—Yo creo que nadie entiende y sabe que irremediablemente tiene que morir. Sólo aquellos que se exponen a tener presente la muerte son los que entienden lo ínfimo y grandioso de la existencia y despiertan al significado profundo de la vida. Su trabajo, desde ese punto de partida, consistirá en tomar conciencia de las capacidades nobles y hacerlas crecer para dar sentido pacífico y evolutivo a su existencia. Ser conscientes del límite de nuestra vida nos hace percibir el valor que tiene el tiempo y todo lo que nos rodea (nuestra familia, amigos y todo el universo de causas que hacen posible nuestra existencia). Aunque la muerte es causa de melancolía y degenera en muchos casos en depresión, es importante madurar en ese sentido real de la existencia. La maduración es el propio equilibrio bioquímico de nuestro organismo. Mente y cuerpo son un solo elemento en todos los procesos que intervienen.

—Quizá mi depresión haya podido estar causada por la excesiva importancia que le he dado a la muerte.

—En parte sí. Muchas personas se provocan auténticas crisis por este motivo. Tú quizá hayas sido así, pero te ha servido para forjarte tu madurez personal. La muerte hay que asimilarla y nunca olvidar el sentido que tiene.

—Me acuerdo que a edad muy temprana comprendí que mis abuelos, mis padres..., todos tendrían que morir, tarde o temprano. Fue muy duro tratar de asimilar que los seres más queridos se morirían sin remedio. Desde entonces, no he comprendido del todo qué sentido tiene nacer, vivir y morir. ¿Qué sentido tiene, Maribel?

—¿Qué sentido tiene una flor, una nube, un pájaro, un ser humano...? Es difícil comprender lo incomprensible, pero si supiéramos encadenar todas las causas y sus efectos llegaríamos a entender el significado de todo cuanto existe. La naturaleza es sabia y todo lo que hay en ella es por algo. El problema es la incapacidad. Si sabemos nuestros límites, estamos dando sentido a la existencia. ¿No hay respuestas? Todo lo que existe tiene respuestas, la muerte también. Se habla del azar pero, por poco que sepamos profundizar, hallamos una respuesta tras otra y vemos que todo está en relación.

Cuando se odia se producen unos efectos diferentes a cuando se ama. Todo está tejido en la acción y la reacción. Las leyes naturales nos gobiernan. En la existencia se dan condiciones y de ahí surgen reacciones múltiples y variadas. La depresión es una reacción de un conjunto de circunstancias que afectan al núcleo vital psicocorporal. Existen diversas estructuras interdependientes que provocan los estados depresivos y siempre que se dan esas condiciones surge el agente depresógeno que favorece el cuadro depresivo. Los factores pueden ser de muchas índoles: psicosociales, somáticas... Las circunstancias de la vida en sus diferentes vertientes dejan hondas huellas de alegría y felicidad o angustia y amargura. Tanto la alegría como la tristeza del pasado son impresiones y pensamientos que impregnan todas las células de nuestro cuerpo. Si desde nuestro cerebro mandamos impulsos vitales positivos, podemos ir regenerando todo el sistema nervioso. Pero hay que creer en ello. Todo en la vida es creer. ¿Te has dado cuenta? Por eso la fe es indispensable en todos los asuntos, no solamente en Dios. Fe significa creer en algo que desconocemos por nuestra insignificancia con respecto a la complejidad que nos envuelve. La fe da sentido a nuestra existencia.

—Yo siempre fui un hombre de poca fe, porque los acontecimientos demuestran por sí solos que nada es realmente como pensamos.

—Es que el pensamiento no es fiable. El mayor logro de la vida es descubrir nuestro gran engaño mental; detrás de ese engaño está la realidad clara y transparente de lo que somos en realidad. El paso hacia la fe sólo lo dan los seres humanos que adquieren certeza de lo que hay detrás del caparazón educativo e ideológico. El ser humano es simple como un pájaro o una flor y desde esa conciencia forma parte del todo, y esa es su fe profunda.

—Será así. ¡Por qué no!

CAPÍTULO V

DEPRESIÓN POR CRISIS
DE CREENCIAS

No hay nada más terrible para la mente humana que el engaño. Desde niños, todos hemos sido envueltos en fantasías, cuentos y mentiras ideológicas que nada tenían que ver con la realidad. Nos enseñaron a ser buenos para ir al cielo y salvarnos del infierno, un lugar inhóspito y cruel donde las almas malas se quemaban para la eternidad. La certeza y rotundidad de esos mensajes daban la sensación de haber salido de la boca del mismo Dios durante el desayuno que mantenía con sus ministros. La ciencia infusa les hablaba del misterio de la Santísima Trinidad y la salvación de las almas. (Respeto todo el misterio.)

Entusiasmado por la educación que recibía, intentaba ganarme el cielo siendo un niño bueno y creyente. Creía en los Reyes Magos, en la Madre de Dios y Madre nuestra, la Virgen María. Sentía cómo mi alma se limpiaba por la gracia y se manchaba con el pecado. Esta forma de educación se hizo vida en mí. Lo creí todo sin lugar a dudas y respetaba con profunda veneración a los servidores de Dios aquí en la tierra. Les besaba sus manos como si se tratara de seres diferentes, puros y excepcionales, con un respeto especialmente espiritual, distinto al respeto natural que sentía por los otros seres humanos. Daban la sensación de estar más cerca que nadie de Dios y ese olor supremo inducía a sentir una reverencia especial hacia ellos. Y todo era mentira.

La ideología se incrustó en mi cerebro, mis células y todo mi ser. Desde muy antiguo las creencias, y no la realidad, viven en nosotros. Es normal que así sea, pues, a pesar de los avances científicos, el misterio es más lógico y profundo todavía. Las distintas iglesias alimentan sus cerebros y el de sus fieles, con credos que sólo desde la fe es posible creer. Pero, ¿nos engañaron y siguen mintiendo para mantener las estructuras mastodónticas del sentimiento religioso? ¡Qué cantidad de dudas por culpa de la mentira!

Lo peor de todo es el descubrimiento de los distintos montajes educativos. Se habla con tanta certeza de algunos temas en especial, que el hecho de descubrir la realidad produce crisis y depresiones profundas. Hasta que la mente adquiere información, más acorde con el realismo de la vida, está en crisis. Suprimir tanta información innecesaria es incluso imposible.

No es necesario que nos mientan, ni mentirnos a nosotros mismos con falsas concepciones que sólo nos llevarían a ser desgraciados. Parece ser que es inevitable entre los seres humanos envolver el misterio evidente con falsedades, para que nuestra vida aquí en la tierra sea más llevadera. El engaño se transforma en tortura de vivir cuando no somos capaces de superarlo.

En un cuerpo y una mente habituados a una creencia, es difícil que se borren totalmente las huellas biológicas del pensamiento.

Es cierto que todo es posible, porque sabemos muy poco, pero creo que educar es enseñar a andar en la verdad, todo lo demás son historias inventadas por cerebros demasiado imaginativos. ¿Existen los ángeles o el demonio? ¿Cómo se puede hablar con exactitud de unos seres que no vemos ni percibimos? ¿Existe Dios? ¿Quién le ha visto? ¿Cómo podemos asumir como verdad algo que no vemos ni percibimos con todo realismo? Dios está en todas las partes. ¿Quién es Dios? Y los que dicen conocerle nos hablan de Él como si convivieran juntos todos los días. Quizá puede haber existido y existan mentes privilegiadas con gran capacidad que hayan sabido conectar con lo sobrenatural. No dudo que sea posible, pero me rebelo y no puedo asumir tantas afirmaciones, de las que soy incapaz de percibir ni comprender nada de nada. La verdad es que todo está envuelto en el misterio y esa es mi fe, pero no puedo creerme historias que tienen un claro tinte de imaginación humana angustiada que desea escapar del terrible sufrimiento de vivir y morir para siempre en la nada.

¡Es tanto el dolor que se siente cuando se muere un ser querido! Deseamos, ansiamos reunirnos la familia, todos los seres queridos..., de nuevo en algún lugar después de la muerte. Sería ideal que el espíritu existiese (y puede existir, ¿porqué no?) para vivir esa misteriosa eternidad de la que las religiones hablan. Me gustaría algún día reunirme con mi querido padre. Volverlo a ver y fundirme en un abrazo de amor. ¡Le quise tanto! Me emociono al pensar que no quede nada de él y me rebelo contra ese crudo realismo. Yo, un ser humano normal, desearía que todo lo que las religiones proclaman fuera cierto, pero me conformo con entender el día a día de la existencia, lo más cercano, todo aquello que pueda comprender y vivir de una forma cierta como la paz y el silencio profundo de mi interior.

Lo normal es ajustarme a una educación de verdad, práctica y evidente. «Amar al prójimo como a ti mismo.» Es verdad, se puede amar de esta forma, porque muchos seres humanos se han despojado de sí mismos y han dado su vida por los demás. Yo siento que es verdad, porque aunque no sea un gran amante, sé que en mí existe esa capacidad.

La ira, el odio, la envidia, el egoísmo..., un sinfín de emociones positivas y negativas, existen en el ser humano, como innumerables capacidades que están esperando su desarrollo (la atención, la memoria, la inteligencia, los sentidos...). Nuestro cuerpo y nuestra mente son verdad y están esperando su desarrollo armónico. Son auténticas verdades que existen y debemos conocerlas para poder controlar nuestra vida. Toda la educación tendría que estar enfocada en la verdad, porque sólo ella nos da estímulos e impulsos de alegría, cuando vivimos y sintonizamos con ella.

¿Dios existe? No lo sé y me importa mucho su existencia, porque desde muy pequeño me enseñaron a creer en Él. Tengo muchos conflictos en mi vida y éste es uno de ellos, que no logro resolver. La certeza de la existencia de Dios fueron palabras que se incrustaron en mi forma de vivir. Los Reyes Magos también lo fueron y cuando descubrí el engaño mi vida de niño sufrió un duro revés. «Dios no podía ser otro engaño», pensaba, y con el tiempo fui dudando y queriendo olvidar algo que posiblemente fuera otra mentira. ¿Dios, como los Reyes Magos, era otro engaño de la imaginación y la necesidad que tiene el ser humano de conectarse con el más allá? ¿El Creador existe? No lo sé ni nadie lo sabrá. Es un misterio y lo único que me convence de su existencia es mi propia incapacidad e ignorancia para profundizar en algo que es imposible ver con toda certeza. Yo no puedo comprender una verdad tan grande, no tengo capacidad para ver de cerca a Dios y nunca podré hablar de Él dando pelos y señales de su existencia. Y lo injusto y triste es que hoy día se está educando a millones de niños inculcándoles la existencia de Dios como algo indudable, con datos y manifestaciones de su existencia. No me cabe en la cabeza tanta torpeza, que sólo desencadenará crisis profundas y conflictos como el mío. Puede que esté equivocado, pero es mejor dejar las cosas como están y hablar de Dios como una posibilidad, más que dar pelos y señales fantásticas de su existencia.

¿Por qué el ser humano no se acerca a sus verdades interiores en las que puede creer a ciencia cierta? ¿Por qué no dejamos de mezclar la velocidad con el tocino y el imposible más allá, para saber un poco del más acá, de nosotros mismos y de nuestros semejantes?¿Por qué no nos preocupamos de ser más buenos para que todo cambie?¿Por qué no vemos la realidad práctica, aquí y ahora, de la bondad y el buen ejemplo de Jesús, más que de tratar temas imposibles?

Maribel me había citado de nuevo en su casa. Necesitaba verla y hablar con ella.

—¿Qué tal te encuentras hoy?

—Un poco revuelto y triste.

—Es depresión o una tristeza pasajera.

—Es depresión. Siempre me pasa cuando alguien o alguna circunstancia escarba en mi conflictivo mundo interior.

—Ponte cómodo y cuéntame todo lo que te ocurre.

—Ayer me invitó a comer un buen amigo que es ateo. Todo lo que huela a religión le pone mal cuerpo y saltan sus mecanismos inconscientes a la defensiva. Es una gran persona, respetuoso y trabajador incansable, pero encajonado en el nihilismo. Yo soy de su mismo parecer, pero abierto al misterio y a la grandiosidad de la vida. Entiendo que los seres humanos no somos nada y nuestra capacidad es mínima para saber algo del gran misterio que envuelve todo. Durante la comida me habló de su empresa y las dificultades que estaba atravesando para sacarla a flote. En un momento de la comida le dije que estaba leyendo a los grandes mitos de todas las religiones. «Buda desde luego fue admirable, supo entender que la vida es sufrimiento y quiso liberar al hombre del dolor por la vía del entendimiento que conduce a la paz.», le dije. Me miró un instante y me dijo: «¡Joder, todos los mitos de las religiones dicen que la vida es dolor y sufrimiento! ¡La vida es de puta madre, maravillosa! ¡Todo eso son tonterías y mentiras, joder!» Me quedé en silencio oyéndole y observando su reacción. Vi claramente cómo sus prejuicios mezclaban las ideas y hablaba con triviales razonamientos que no aportaban nada a la verdad de ese fenómeno. Buda, Jesús, Confucio... eran para él personajes que sólo habían destruido la realidad hermosa de la vida, influyendo con sus nefastas teorías en los seres humanos. No aguantaba ni lo más mínimo que se hablara del tema, sin entrar en conflicto. «Pero reconocerás que la vida es dolor en muchos aspectos: la enfermedad, la muerte, la desesperación, envejecer, el abandono, la ausencia de amor, el odio... todo eso es dolor. ¿O no?» Me miraba en silencio mientras comía. Nos escuchábamos mutuamente. Yo no quise entrar en un campo de batalla dialéctico como suele suceder normalmente, simplemente le había hecho un comentario sin intuir el rechazo que habría de recibir. Mi ateísmo era semejante al suyo, pero había una gran diferencia: yo sabía diferenciar sin prejuicios y había encontrado un camino práctico, de vida humana y espiritual. Entendía a Buda y su aspiración, desde la filosofía que se vive con todo realismo desde uno mismo y en presente. No me interesaba el movimiento religioso que le siguió. Buda significaba, para mí, esencia, algo muy práctico y necesario en estos tiempos tan alborotados donde la superficialidad enarbola continuamente su bandera prepotente. Jesús, Confucio, Epicteto, Séneca, Ovidio, el taoísmo, el yoga..., toda la sabiduría antigua ejercía sobre mí una profunda atracción, por la necesidad de encontrar sentido a mi existencia vacía de amor y trascendencia, y sobre todo porque los tiempos modernos y postmodernos caminaban por rumbos únicos de consumo y mercantilismo. No podía concebir la vida del ser humano como se estaba planteando desde un solo punto de vista comercial, cuando podían existir otros planteamientos más humanos y espirituales. Mi amigo no entendía bien mis palabras porque estaba en la onda de «la normalidad». Yo entretenido con estos temas, para él, me encontraba «fuera de onda». La religión son tonterías que sólo confunden el buen funcionamiento de la «normalidad mental-económica» y no hay que darle más vueltas. Pero yo no estaba hablando de religión; por el simple hecho de nombrar emociones, valores humanos o personajes históricos entraba en conflicto. Las palabras: amor, odio, envidia... le tocaban la fibra sensible de sus prejuicios. ¡Qué curioso! ¡Cuántas personas hay que confunden la velocidad con el tocino! ¡Cuánta gente hay que confunde los valores humanos asociándolos a sus prejuicios! Son tiempos de censura por tantos errores históricos que se han cometido. Yo también tengo grandes prejuicios, pero sé salvar, lavar y diferenciar la buena simiente de lo que es la podredumbre histórica. Mi amigo es una gran persona, de un nivel humano superior, pero limitado por su cajón mental de no ver más allá de sus prejuicios. Como casi todo el mundo, no sabía ver más allá de sus narices económicas. Estas cosas me entristecen. No sé, me dejan mal sabor de boca. No debería hablar de estos temas con gente que no entiende ni viven estas experiencias. Me pone triste que una inmensa mayoría rechace, por ignorancia, la sabiduría que encierran las leyes del equilibrio universal. ¿Qué extraña peste está azotando al mundo para que se haya vuelto tan ignorante y sin sentido? El contacto con mis semejantes me produce pesadumbre al ver en ellos tanto contraste: unos que creen en los fantasmas, espíritus, dioses, milagros, y otros que se cierran en un materialismo terrible y decadente. ¡Qué tristeza me embarga cuando me siento vacío y no creo en nada porque no tengo fuerzas ni razones para creer!

¡Y qué repulsa siento hacia todas aquellas mentes nihilistas de vacío irracional y económico insoportable! Mi conflicto es evidente. Y sin embargo, muy en el fondo, intuyo y creo. Maribel, ¿por qué no puedo liberarme de esta pesadilla y ser normal? Sólo quiero trabajar, ganarme el sustento y vivir una vida sencilla de pensamiento. Quiero ser creyente y muy humano, pero de verdad. Sólo eso, sin complicaciones de otro tipo. Necesito creer ingenuamente en el Dios del amor, porque no soporto vivir en el vacío del desamor y el puro materialismo.

—Luego hablamos de esto. Ahora vas a recordar los momentos que han dejado huella en tu infancia y adolescencia en la experiencia religiosa.

Recuerdos

Tengo once años y estoy muy triste porque he descubierto que los Reyes Magos son los padres. Yo creía que eran de verdad, de carne y hueso. Mi padre me enseñó muchas veces las pisadas de los camellos y eran reales. ¿Por qué me han mentido? No soporto que me mientan en cosas tan importantes. No sé por qué a los adultos les gusta mentir. Los niños no somos tontos y no saben ellos el daño que nos hacen. ¡Quería tanto a los Reyes! Melchor, Gaspar y Baltasar eran mis mejores amigos. Hablaba con ellos como con Dios y mi ángel de la guarda. ¡Qué pena siento que todo sea mentira! ¡Mis mejores amigos no existen de verdad! Entonces, ¿quiénes se bebían los vasos de vino que dejaba mi padre en la mesa? ¡Qué decepción! Los curas muchas veces me dijeron que los Reyes eran mensajeros de Dios. Que tenía que ser bueno porque ellos estaban muy cerca de Él. ¡Y no existen! A mí me gustaba hablar en soledad con Melchor, le contaba mis problemas y él me daba consejos. Yo oía su voz en mi interior y sentía mucha alegría de que un hombre tan bueno viviera en mí. ¡Y Melchor no existe! ¡Qué pena siento que todo sea mentira! Si los Magos son mentiras, el ángel de la guarda también puede ser una mentira, y la Virgen María e incluso Dios es posible que no existan. ¿Cómo podré vivir sin los Reyes y sin mi ángel de la guarda? Y si Dios no existe, ¡como voy a vivir sin Dios! Pero Dios existe, ¡cómo no va a existir!

Aquel día me fui al campo. Estaba la tierra recién arada y el Sol semioculto entre nubes en el cenit. Sentía sus rayos en mi cara y pensaba que era Dios. Le hablaba al Sol como si fuera Dios y él no me contestaba con palabras, pero sentía su calor. Aquello era verdad. Si el Sol existía y calentaba, ¿por qué Dios no iba a existir? ¿Quién si no había creado todo lo que existe? Los rayos del Sol los sentía en mi piel y todo cuanto había a mi alrededor, incluido yo mismo, existían como los rayos del Sol. Aquello era muy serio y muy difícil de comprender. Los Reyes Magos eran mentira pero Dios no. Imposible que no existiera. Necesitaba de Él como el Ser Supremo y protector. Me habían acostumbrado desde muy pequeño a sentirlo. Aunque nunca escuché su voz, en el silencio lo percibía dentro de mí. Los hombres no podían crear tantas mentiras. ¿Quién si no iba a ayudar a mis padres y a mis hermanos? Todas las noches le pedía por ellos para que los protegiera. Dios tenía que existir porque Jesús había dicho que era su Padre y que estaba en el cielo, y Jesús murió por decir *que era el Hijo de Dios. Jesús no podía mentir porque era: «El camino, la verdad y la vida.»*

Me sentía más tranquilo haciendo estos razona-mientos, como remiendos, porque mi fe total de niño quedó resquebrajada para siempre. Mi cabeza, sem-brada de dudas, me hacía sufrir mucho. Ya no podía ser como antes, porque la gran verdad podía ser una gran mentira. Aquella mentira me hizo mucho daño. Después siguió mi educación de adolescente en un colegio religioso. Allí siguieron inculcándome la doc-trina católica, apostólica y romana, como la única verdad. Día a día, año tras año, recibí en mi ingenua cabeza la doctrina que decían era única y verdadera, desde la cual, todo el mundo se salvaría del infierno. ¡Cuántas crisis pasé, por querer sostener continua-mente aquellas creencias! Hoy todavía me queda la duda. No he logrado erradicar por completo el con-flicto de mi vida. Mi necesidad de creer en algo es tan fuerte que tengo que creer sin más remedio en Dios y en el mundo natural y sobrenatural para poder vivir esta vida llena de incertidumbres, en un sistema lleno de mentiras y patrañas. Desde muy niño mi mente se acostumbró a creer en cosas increíbles. Me crearon dependencia. Con mucho esfuerzo me desembaracé de toda la ideología judeo-cristiana y se hizo en mí un vacío espantoso de la nada. Pero mi costumbre de hablar con alguien en mi interior nunca se borró, fue siempre una necesidad de comunicar a lo más íntimo de mi ser mis desdichas y mis súplicas. En la nada seguía necesitando alguna manifestación del más allá, algo para poder aferrarme con realismo a la espiri-tualidad y dar sentido a mi vida. Me hablaba a mí mis-

mo y me respondía mí propia voz. *Encontré respuestas. Mi ignorancia se diluía en algunos momentos, pero nunca ninguna voz ni ser celestial se me apareció para enseñarme el camino. Por más que lo pedía, era hablar con la nada. Sólo silencio y vacío de sonidos y palabras. Dios siempre fue conmigo silencioso como una tumba. ¿Será Dios el silencio? Mis dudas eran terribles, necesitaba ser dirigido por Él para «hacer su voluntad así en la tierra como en el cielo». Pero la única respuesta era mi torpeza e ignorancia, para conectar con algo que sólo gente muy dotada y evolucionada podría percibir como realidad. Eso pensaba. Aquél desde luego no era mi camino del conocimiento de la realidad. Si te digo la verdad, no puedo vivir sin Dios y sigo empeñado en descubrirlo, aunque sólo sea por intuición; por eso cuando me encuentro con gente que no cree en nada, un dolor terrible me invade. No aguanto el vacío de espiritualidad y la negación total de la existencia de Dios. Yo siempre he pensado que, «cuando el río suena agua lleva» y los dioses suenan desde tiempos antiguos e inmemoriales, en cualquier rincón de nuestro planeta. ¿Por qué no va a existir Dios, si existimos nosotros, un compuesto bioquímico lleno de vida? Me moriré buscando al Dios bueno hasta en el último aliento, porque no aguanto tanta ceguera y necedad humana. Tanto vacío, ignorancia y desamor. Necesitamos un modelo de equilibrio y de paz auténtico y eso creo que se encuentra en nuestro interior. Pero dudo tanto que, a pesar de sentir la profunda paz y el silencio en mi interior, no creo que eso sea Dios, y aparecen entonces las tormentas desestabilizadoras de mi creencia y mi fe se torna desesperada y angustiada por no ver un signo claro y evidente de algo que me impulsa más allá de la simple creencia.*

Si a mí me hubieran educado de otra forma, no tendría tantos problemas. Yo habría sido otra persona, quizá centrada en actividades sencillas, con la única pretensión de gozar de la vida sin complicaciones, pero tuve mala suerte al aprender cosas inútiles para la alegría y la felicidad de mi propia existencia y la de los demás. ¿Mi cerebro fue orientado mal? Ciertamente, es muy complicado eliminar convencimientos, incrustados en mis neuronas y en todas las células de mi cuerpo, y porque ya no tengo remedio sigo empeñado en creer en algo, en dar sentido a mi vida por otros cauces que no sea el puro materialismo ordinario. ¿Te podrás creer que esta colección de libros, creo, ha sido cosa de Dios? ¿Que él ha querido que fuese así para sembrar mis granitos de buenas intenciones en los seres humanos? La necesidad que tengo de entregar mi vida para el bien de la humanidad es algo que llevo incrustado en lo más profundo desde siempre y no sé por qué es esto así. Será porque desde muy niño me di cuenta del estado caótico del mundo por culpa de la maldad. La bestialidad y el egoísmo de los seres humanos me abruman y van a desencadenar un desequilibrio que sólo la naturaleza o Dios, si existe, pueden resolver. Salvar la tierra, sólo las fuerzas naturales pueden salvarla y el ser humano puede ser influido de capacidad natural para convencer hasta la ultima célula de la obediencia al equilibrio que desde millones de años se manifiesta en nuestro mundo. Todo esto en mí es una tendencia que se manifiesta continuamente. ¿Por qué? Siempre pensé que el bien, la bondad..., la verdad necesitaban instrumentos para llevar a cabo esta labor y yo me ofrecí para hacer la voluntad del alma buena del mundo de la verdad. ¡Qué bonito si todo fuese cierto! Entonces mi educación religiosa habría tenido sentido y mis penas y tristezas habrían servido de algo. ¿Quién sabe del misterio de la vida? Dios, la Energía pura..., es mi ultima esperanza, mi alegría..., pero creer en ella es un conflicto que tengo que superar. Andar por estos caminos es muy difícil porque no sabemos con certeza a dónde se dirigen nuestros pasos, aunque a veces hay muchos indicadores que confirman la existencia de algo.

En mi edad adulta he encontrado un camino que me satisface: el silencio interior y la paz que se deriva de dominar todos los deseos, las emociones, las preocupaciones y los pensamientos. El control mental es necesario para poder evolucionar y crecer. Así siento cómo brotan las energías de mi vida que estuvieron apagadas tanto tiempo por las contradicciones de una ideología quizá nefasta. ¡Este camino me llena tanto, que incluso me está sanando día a día! ¡Qué lástima no haber encontrado desde la infancia un camino como éste, donde la experiencia de paz y el desarrollo mental es una realidad! Muchas veces en mis meditaciones siento tanta felicidad que creo que es Dios el que está conmigo (Dios o lo que sea). Pienso en la dicha de Santa Teresa y en sus éxtasis y ya no dudo de que sus palabras fueran verdad. En nosotros hay algo que lo han machacado todas las ideologías educativas. Es una forma de vivir desde lo más cercano, que es nuestro aliento y nuestra propia vida. Si en lo más profundo del ser humano existe algo y se quiere hacer visible en noso-

tros, le es imposible por la complejidad mental que poseemos. Nuestros prejuicios, mentiras y mala educación no dejan traslucir la existencia del misterio más antiguo de todos los tiempos: Dios. Todavía no creo en Dios, pero nunca podré erradicar esa tendencia profunda, fruto de la educación o del desarrollo que todos los seres humanos experimentamos, como un lazo que nos une a nuestra fuente. Romper con ese lazo para mí es imposible, me supone mucho sufrimiento. Destruir ese sentido sería desmoronar una esperanza que quizá sea cierta. Es un lazo afectivo que no puedo quebrantar por nada del mundo. Si rompo con Él, mi vida no tiene sentido, vivo en el vacío. Dios es como soñar despierto, para ver la otra cara de la moneda de la existencia. Dios quizá sea el camino del silencio, donde no hay preguntas ni respuestas, sino vida. *Sé que dentro de mí se manifiesta una mente alborotada de pensamientos, sentimientos, preocupaciones, que me consumen con su ritmo frenético de dudas y preguntas..., desencadenando tensiones, alterando mi ánimo. Este es un camino. Pero por otro lado está la vía del silencio, la concentración y una sensación de avanzar hacia unos niveles de paz y silencio impresionantes donde está el dominio de uno mismo y la energía, fuente profunda de la vida. Todo esto lo siento cada vez más. Estoy eligiendo el camino del silencio y la respiración, porque sé que es la auténtica verdad que me salva de enloquecer en mi raciocinio materialista interesado y alborotado. Quizá Dios sea un rayito de esencia silenciosa que en el momento que inunda la vida del ser humano lo transforma en algo natural como mi perro, las aves del cielo, las hormigas, las flores, el viento, la tormenta...*

Quizá Él esté en todas partes porque es el alma del mundo y del universo entero. Es muy difícil hoy día creer en algo tan natural, porque el materialismo y el raciocinio artificial rechazan y asfixian todo lo que no sintoniza con sus tendencias e intereses. Lo que no se comprende es inútil darle vueltas. Sólo yo y un montón de seres ingenuos moriremos dejando la duda en este mundo. En el fondo me alegro de no ser «normal» porque la normalidad me asusta cuando veo sus tentáculos de monstruo infame y deshumanizado. Tener dentro de nosotros una luz de esperanza nos permite vivir y ser distintos de la confusión brutal e insensible violencia desenfrenada que se nos echa encima por momentos. ¿No crees, Maribel?

—Bueno yo creo que la esperanza es lo último que se pierde. Sin ese estímulo, los seres humanos nos hundimos sin remedio. Pero hay que sentir esperanza con firmeza y fundamento y eso sólo se consigue con la acción. Por los hechos creemos en la verdad. Una mente teórica se ahoga en su debilidad. La fortaleza de su ser está en las acciones. Si tú has encontrado una vía para armonizar todos tus desequilibrios y ese camino es el silencio y la respiración, agárrate fuerte a ese descubrimiento porque seguro que te vas a curar de todos los males. Estás poniendo en acción algo que los sabios desde el principio de los tiempos vienen aconsejando. Voy a leerte diversos fragmentos de maestros actuales y antiguos, para que veas que no vas descaminado.

«Las palabras pueden hipnotizar y atraer a un lector hacía una práctica religiosa y hacerle creer

que comprende lo que es una experiencia espiritual. La lectura, empero, sólo le hace más instruido, mientras que la práctica de lo que ha leído le acerca más a la verdad y a la claridad. Los hechos son verdad, y la claridad es pureza. Vivimos una época de avances científicos, y los diccionarios se ven inundados por palabras nuevas. Siendo como soy un Sadhaka (aspirante espiritual) puro, y no un hombre de palabras, hallo difícil elegir los términos correctos a la hora de expresarme.»

BKS IYENGAR

«Que el vacío y el silencio sea tu caldero; que la naturaleza sea tu horno; como ingrediente principal, toma la inmovilidad; como reactivo, utiliza el sosiego; como mercurio, toma tu esencia vital; como plomo, usa tu energía vital; como agua, usa la moderación; como fuego, toma la meditación.»

(La unión de la triple ecuación.)

«La terminología alquimista con que los antiguos maestros envolvían sus enseñanzas ha dado origen a toda suerte de confusiones, y al más declarado escepticismo, entre los traductores y los lectores occidentales. Lo cierto, sin embargo, es que no existen palabras que puedan describir con precisión lo que sucede durante la "alquimia interior" de la meditación profunda, que abre unos campos de conciencia situados mucho más allá del alcance de las palabras y del pensamiento racional. En conse-

cuencia, la alquimia exterior proporciona una conveniente analogía para el proceso en que la triple ecuación de esencia energía y espíritu se une para formar el Elixir Dorado de la inmortalidad durante la meditación profunda. Tal como lo expresa el maestro Chao Pi-Chen en Yoga taoísta.»

«La materia y la energía son idénticas, indivisibles e intercambiables por su propia naturaleza. Einstein lo demostró a plena satisfacción de la ciencia occidental con su conocida fórmula $E=mc^2$. Es la mente del ser humano la que levanta barreras conceptuales entre el reino de la energía y el espíritu puro y el mundo de los fenómenos físicos. Al apartar su mente de las percepciones de los sentidos externos (los cinco ladrones de la meditación), el adepto restaura la identidad primordial de materia y energía, cuerpo y mente. Evidentemente esta identidad sólo puede ser experimentada, no descrita con palabras, pues exige un estado de conciencia alterado que se halla fuera del reino del pensamiento racional y de la lógica lineal. El camino que puede expresarse con palabras no es el verdadero camino.

Taoístas y budistas creen que todos los seres humanos nacen con una perla preciosa del espíritu original en lo más profundo de su ser. Esta perla preciosa es un espejo que refleja todo el universo. (Como lo expresa Chao Pi-chen, "cuando la mente está apaciguada, el espíritu irradia un brillo que ilumina todos los grandes misterios del universo.") Conforme el niño va creciendo y adoptando los hábitos de la sociedad, esta perla reluciente queda cada vez más enterrada en la ciénaga mental de la educación, apagada por la pasión y el deseo, empañada por el polvo de la ilusión y ahogada en las turbias aguas del pensamiento discursivo. Se trata de nuestra más preciosa posesión y nuestro atributo más exclusivamente humano, pero, debido a nuestra obsesión por el mundo exterior y sus fenómenos pasajeros, la mayoría de la gente cruza por la vida sin llegar siquiera a ser consciente de su existencia, aunque todos alcanzan a vislumbrarla en el instante de la muerte.

La perla preciosa del espíritu original es el único lazo inmortal con el universo. Es la semilla espiritual inmortal que se desprende de la carne en el momento de la muerte.»

DANIEL REID

—Tu depresión es consecuencia del dolor que sientes al desbaratarse la torre de arena teórica que te construyó la educación. Todo lo que te pasa es que estás enterrado en toneladas de impresiones contradictorias. Esto siempre te pasó en el terreno mental e ideológico, ¿no es así?

—Sí.

—La debilidad mental de tus convencimientos significa el fácil hundimiento, a la más mínima incidencia, de la vitalidad de tu ser. Tu ánimo se trastorna al comprobar que tu pensamiento ideológico es como humo. Dios en tu vida es humo y cualquier contratiempo deshace la nube que escribe esa palabra. Después sólo queda el espacio, la nada, la confusión. Esto te afecta al núcleo vital psicocorporal y te arrastra hacia el abatimiento. Te sientes triste, pesimista, carente de esperanzas. ¿Es cierto?

—Sí, es cierto.

—¿Tu Dios es el Dios de la acción o es teórico y cultural?

—La doctrina que me enseñaron fue la del Dios de la acción. La vida de Jesús está llena de acciones y obras buenas. Él es el modelo de santidad a seguir.

—Lo concibes como acción, pero tú no lo llevas a la práctica.

—No.

—Entonces tú crees en Dios como podrías creer en Supermán. De aquí viene tu conflicto. Estás desperdiciando tiempo y energías en una actividad mental que es para ti como un «cuento chino», sin sentido. Tienes que definirte y ser consecuente con el camino que eliges, si no olvídate por completo.

—Tengo miedo a dejarlo y convertirme en un vulgar y perverso humano.

—No, vive simplemente sin ningún compromiso de acción y liberación. Vive como la mayoría cómoda e indisciplinada. Tontamente aburguesada y hedonista. Soñando en el egoísmo de ser feliz y sin ningún tipo de preocupación por nadie. Vive paseando feliz entre la angustia de la enfermedad, la pobreza y la muerte. Fórjate un mundo donde no sufras, hijo mío.

—Eres muy dura conmigo —Maribel cambió su amabilidad y se tornó crítica conmigo. Me conmovía.

—No puedo ser de otra forma. No se puede tirar un mensaje de acción tan importante como el de Jesús a la papelera de las dudas. Porque si ese pensamiento lo pones en práctica, verás rápidamente que es cierto y verdadero todo lo que dice. Jesús es un misterio a años luz de ser comprendido. Todavía nuestra corteza cerebral no ha evolucionado lo suficiente para comprenderlo a ciencia cierta. Jesús es como el cielo azul y la mente de los seres humanos no puede comprender su dimensión humana y sobrenatural. Es un misterio que por razones desconocidas inundó el mundo.

—Pero Jesús habló del cielo y del infierno, del pecado e incluso de la existencia del diablo. Eso hoy día causa repulsa.

—El diablo y Dios son un misterio. ¿Quién puede afirmar o negar su existencia? Sabemos que existe una moneda con dos caras: la maldad y la bondad. Todo está dentro de los seres humamos como emociones que le acompañan desde el origen de su creación. Profundizando en las emociones podemos hallar el origen benigno y maléfico de las distintas energías que operan en el hombre y la mujer. El ser humano tiene capacidad para crear el cielo y el infierno y todos sabemos que existen. ¿Tú no has sufrido en ti mismo el infierno de la depresión? ¿No has experimentado en tus estados de silencio y paz otras dimensiones interiores de increíble felicidad? El cielo y el infierno también existen dentro de los seres humanos. ¿Y el pecado? ¿No existe el pecado? ¿Qué son el odio, la envidia, lo inhumano..., todo aquello que se genera dentro de los seres humanos y provoca efectos devastadores? ¿No se están transgrediendo continuamente las leyes que armonizan a toda la naturaleza? ¿Qué es la bomba atómica, la bondad o la maldad más vil y desastrosa? El pecado es una transgresión de las leyes que operan en todo el universo y sólo el ser humano ha sido capaz de acometerlas vilmente. ¿Hay algo que incite a los seres humanos a ser perversos o bondadosos? El pensamiento es algo real que lo inunda todo y ahora más que nunca nos invade con las ondas de radio y televisión. El pensamiento tiene un poder tremendo para alterar la bioquímica humana y las distintas emociones son el resultado de esas modificaciones. Todo lo que dice Jesús está dentro y fuera de la lógica y la razón con un poder tremendo de verdad. Jesús no habla solamente del cielo, del infierno, de Dios y el pecado. ¡Habla con dureza, amor y esperanza! Si Jesús no hubiera existido, el mundo se habría destruido en mil pedazos. La pureza de las emociones nobles y el progreso de los valores humanos son pensamientos que existen en la mente de los seres humanos actuales, gracias a Él y a todos los demás grandes hombres de corazón y sentimientos nobles, que sembraron semillas de salvación espiritual:

«Mi mandamiento es éste: Amaos los unos a los otros como yo os he amado. Nadie tiene amor más grande que quien da la vida por sus amigos.»

Perdona que hable tanto, pero es que estoy tan convencida de Jesús que necesito que tú, que has creído, quizá de una forma infantil, madures en tu forma de pensar. De esta manera se te pasarán definitivamente todos los males de tu mente. No olvides que Jesús es acción y su chispa se enciende cuando las emociones nobles se comunican con los demás para hacer el bien. Olvida todos los prejuicios y la mala educación, y remóntate a los niveles más altos de entendimiento porque el mundo necesita hombres y mujeres honestos, espirituales y profundos.

Hay seres humanos que han alcanzado un gran equilibrio personal sin tener ninguna creencia, poniendo sus sentimientos y pensamientos nobles en acción. Esta es la misma forma de vivir. Un pensamiento aplicado produce una acción y una reacción. En esta dinámica se encuentra el equilibrio. La mente humana se estructura con una base de pensamientos. Las acciones confirman la eficacia de esos pensamientos y se produce el equilibrio entre los dos, llamémosles, vasos comunicantes. Suponte que tu cerebro es un vaso con un contenido real de información, de pensamientos. El exterior es el vacío lleno de seres vivos y objetos inertes. Tus pensamientos y emociones ponen en acción tu cuerpo entero, ellos son los que mandan en ti. Hablas, mueves las manos, las piernas, la cara, te comunicas..., todo son acciones de lo que sientes y piensas, y además tienes capacidad de creación: tus pensamientos pueden transformarse en realidad física. Un vaso se puede comunicar con otros vasos y transmitir información creando la acción. Esta sintonía produce equilibrio mental y biológico. Es como un fenómeno de purificación interior. Si tú piensas que el amor existe y lo compruebas por ti mismo en los demás seres, estás produciendo la chispa de la acción y la existencia útil de esa emoción. Esto llena considerablemente a las personas. Con los pensamientos de maldad sucede lo mismo, actúan de igual forma pero con capacidad destructiva.

Dios es amor. ¿Por qué se dice esta frase con profunda certeza? Porque las personas que en su mente tienen a Dios como pensamiento en estado espiritual puro y bueno, sienten que aman. Cuando se lleva al campo de la acción, es un estímulo muy grande sentir la verdad materializada del pensamiento. La estabilidad emocional en estos casos tiene una correspondencia real y por consiguiente no hay conflicto, sino una gran alegría y felicidad. Dios en estos casos es fe, pero realidad, porque sus efectos se palpan por las acciones.

No se puede afirmar que Dios no exista, te lo repito, porque nunca nadie podrá demostrarlo. Lo contrario sí, y en todo el mundo hubo siempre manifestaciones de algo que enganchaba a los seres humanos, más allá del momento anecdótico de sus vidas. En todo el mundo tenemos muchos ejemplos de seres humanos magníficos, con pensamientos sublimes. Fíjate lo importante que es para el equilibrio mental sintonizar con las acciones.

Tu caso es de una falta de identificación total con la acción. Tu estructura mental no es consecuente con nada de lo que piensas, porque tus razonamientos lógicos están en continuo movimiento, analizando, entrando, saliendo..., observando si es verdad o mentira. Dudando de todo, hasta de ti mismo. Todo esto te crea crisis y depresiones. El equilibrio bioquímico se altera. Tu mente analítica no deja estabilizarse una estructura de pensamientos sanos. Esta forma de ser escéptica desestabiliza un cierto ordenamiento mental, necesario para poner en marcha los mecanismos inconscientes de los convencimientos y las acciones. De esta enfermedad tú no eres culpable, esa es la primera premisa que tienes que saber. Es el sistema de vida el que tiene la culpa del hundimiento de la persona humana. Nuestra sociedad duda de todo menos de su amorfa existencia mercantilizadamente razonable. Tu crisis existencial la padecen la mayoría de las personas. Un ochenta por ciento son enfermos depresivos. ¿Por qué? Por tanta confusión y dudas. La mente no se centra porque está acosada por un desorden social crónico. Al siglo XX se le está llamando «la era de la depresión». Con motivo. Y todos deberíamos saber que este proceso, aparentemente imparable, provoca en niños, jóvenes, adultos y personas mayores, una triste realidad social.

«*Algunos ciudadanos modernos alegan estar "depre" para justificarse, a la vez que presumen un poco de ello; otros equiparan la depresión a la reacción de tristeza motivada por alguna circunstancia de su vida, y muchos otros utilizan el término de cualquier otra forma inadecuada.*

La primera forma de concebir la depresión, con su exageración, denota cómo el estado depresivo disfruta en el sentir popular de cierta aceptación y prestigio... »

Dr. Francisco Alonso

«*Nuestra mente, empero, está confusa y acosada por la duda. A veces pienso que la duda es un obstáculo para la evolución humana, incluso mayor que el deseo y el aferramiento. Nuestra sociedad fomenta la inteligencia en lugar de la sabiduría y celebra los aspectos más superficiales, hostiles e inútiles de esa inteligencia. Nos hemos vuelto tan falsamente refinados y neuróticos que tomamos la propia duda por verdad, y así la duda, que no es otra cosa que un intento desesperado del ego para defenderse de la sabiduría, queda divinizada como objetivo y fruto del auténtico conocimiento. Esta forma de duda mezquina está servida por una bandada de expertos que nos enseñan, no la duda generosa y abierta que Buda declaró necesaria para poner a prueba y demostrar el valor de las enseñanzas, sino una forma destructiva de duda que no nos deja nada en que creer, nada que esperar y nada por lo cual vivir.*

Nuestra educación contemporánea, pues, nos adoctrina en la glorificación de la duda y de hecho ha creado lo que casi se podría llamar una religión o una teología de la duda, en la cual para ser considerado inteligente hay que mostrar que se duda de todo, señalar siempre lo que está mal y pocas veces preguntar qué está bien, denigrar cínicamente todas las filosofías y los ideales espirituales heredados, y en general todo lo que se haga por simple buena voluntad o con un corazón inocente.

Buda nos exhorta a otra clase de duda, que es "cómo analizar el oro poniéndolo al fuego, haciéndole cortes y raspándolo para comprobar su pureza". Pero nos falta intuición, valentía y entrenamiento para esa forma de duda que realmente nos conduciría a la verdad si la siguiéramos hasta el final.»

Sogyal Rimpoché

Creer en Dios es una tarea muy difícil para una sociedad refinadamente hipócrita. El Dios bueno del equilibrio es algo intangible para la mayoría de los seres humanos y nos tenemos que fiar de las acciones nobles surgidas en la historia de la humanidad, para creer en Él. Este es un camino que muchos millones de seres humanos siguen con gran convencimiento y es digno de respeto. Lo que realmente importa es el pensamiento como semilla que germina en la mente para hacer el bien o el mal. Así hay que vivir, seleccionando los pensamientos y sentimientos nobles de los que no lo son, para crecer en el bien y la verdad de la vida.

¡La veracidad de la educación es tan importante! No se puede engañar a los niños ni a los jóvenes de ningún modo, con falsas ilusiones e ideologías que escapan de la realidad, porque las consecuencias pueden ser traumatizantes en forma fanática o de depresión.

—¿Y cómo se puede educar en algo tan difícil?

—Desde el camino de la realización de uno mismo. Hay una vasta verdad de enseñanzas místicas que nos han sido transmitidas hace miles de años con un sentimiento práctico de evolución muy humana y sensible. Es necesario que nuestro mundo en peligro conozca todas estas verdades y las ponga en práctica. Todas las religiones tienen una esencia común que es el amor. Desde esa emoción tiene que arrancar la educación realista y madura del ser humano.

—¡Eso es imposible! Es muy duro ir contracorriente de una diversidad egoísta centrada única y exclusivamente en el pensamiento inhumano y acaparador.

—¡Olvídate de esa generalidad! No hay que ir contracorriente de nada ni de nadie. ¡Vive! Piensa que hay muchos seres que están en ese camino, aportando con su actitud un cambio hacia otro tipo de evolución superior, en cuanto al desarrollo biológico y mental se refiere. El ser humano no ha hecho más que despegar hacia un modo de vida más coherente. Su despertar va hacia la paz, la reflexión y la armonía. Esa minoría tiene potencia suficiente para arrastrar, con la evidencia de sus obras buenas, al resto de los seres. La maldad se está conociendo cada vez más a través de los medios de comunicación y eso es bueno porque somos capaces de identificar la más mínima expresión de los pensamientos turbios. Perdóname, pero creo que me he desviado un poco de tu terapia.

—No importa, porque me estás ayudando a clarificar mis ideas. Reconozco que mi vida fue un mar de confusión, protagonismo e inmadurez. Pero de este revoltijo me siento triunfador. Por lo menos no me volví loco. Muchas veces temí perder la cabeza. A los dieciséis años me llamaba la atención la gente trastornada. Era horrible ver su deterioro mental y físico. Yo cogí mucho miedo a caer en la misma situación.

—¿En tu adolescencia te aislaste de tus amigos?

—A los quince años no quería saber nada de nadie. Me encerré en casa y sólo salía por las noches a dar un paseo. Dejé de salir con mis amigos y amigas, no tenía ilusión por nada ni por nadie. Me acuerdo de mi madre y su actividad rutinaria en el hogar y lo veía absurdo y sin sentido. La vida se me puso cuesta arriba, sin ilusiones y con muchos complejos. Yo era un chico físicamente normal, y me sentía feo y desgarbado. No sé cuántas manías me atacaron por aquellas fechas. Mi cabeza estaba hecha un lío difícil de deshacer y la tristeza no desaparecía en ningún momento. Un día, no sé por qué causa, empecé a cortarme el pelo y me afeité la cabeza. Estaba realmente mal y no lo sabía.

—Eras un gran depresivo. Si en aquel momento alguien te ayuda, tu vida se arregla en gran parte. En la vida normal la comunicación interpersonal es una actividad circular, en la que cada uno desempeñamos el papel de receptor y emisor. En un estado de ánimo depresivo, hay un descenso de la capacidad de sintonización vital con los demás. El enfermo se siente invadido por vivencias de extrañeza, soledad y aislamiento. Se siente también crispado y desconfiado. La incomunicación con los demás distorsiona y empobrece la propia existencia y se siente uno extraño hacia el mundo en general. Ese vacío del que hablas era producido por tu propia depresión. No hay nada más terrible que la desolación interior. ¿En aquellas fechas te acuerdas de algún sentimiento o anécdota de tipo religioso?

—A los catorce años.

—¿Qué pasó?

—Bueno yo iba al instituto de Zafra. Un día a primera hora tenía Educación Física y se me olvidó el pantalón de hacer deporte. A mis amigos Marcelino y Antonio también se les olvidó. Como estaba lloviendo, nos quedamos en el gimnasio. El profesor días antes nos advirtió que castigaría muy severamente a los que por olvido no trajeran el pantalón de deporte. Para que no notara nada, nos pusimos en calzoncillos entre el grupo y a los cinco minutos de estar en formación nos hizo salir a los tres. Nos había visto. Nos echó la bronca y nos expulsó del colegio una semana. Yo no podía creer lo que me estaba pasando, ni tampoco podía admitir que me echaran del colegio. Lloraba y suplicaba que no nos echaran, pero fue inútil. En mi desesperación me fui a la iglesia del Cristo del Rosario y le recé a Jesús llorando para que me ayudara. No me escuchó y nos echaron de todas todas. Mientras le rezaba sentía que estaba perdiendo el tiempo y deseaba arrancarme de raíz toda la ideología que habían incrustado en mi cerebro; pero era imposible, obedecía las enseñanzas por miedo al pecado, a la tradición y a tantas otras cosas. Seguí recibiendo la doctrina de la represión sexual y del pecado en la España franquista de los años sesenta. Con el tiempo he recordado muchas veces aquel momento y cómo interiormente me rebelaba ante aquella farsa. Jesús quizá me ayudó, pero seguí aprendiendo la otra doctrina, la falsedad y la represión de los curas.

—¿En los años sucesivos cómo fue la educación?

—Estuve durante cinco años en el colegio religioso que ya sabes. Allí, aparte de los estudios profesionales, nos educaban en la religión. Misa todos los días y ejercicios espirituales una vez al año. Yo quería convencerme de la doctrina y los ejercicios espirituales los asimilaba bien. A pesar de mi rechazo, necesitaba tener fe de verdad en todo aquello. ¡El mensaje de paz y de amor era tan importante para este mundo! Lo que más me dolía es que nadie se diera cuenta de mi profunda depresión. ¡Sufría tanto! Ellos, los curas, estaban muy entretenidos con sus rollos mercantiles. Hablaban de amor y éste brillaba por su ausencia. Teoría, toneladas de palabras, historias... La ideología del desencanto. La repetición continuada del dolor, el pecado, el cielo, el infierno, el pecado, pecado, pecado..., ¡qué obsesión con la puñetera tradición judeo-cristiana del pecado y la culpa! ¿Culpables de qué? Y el amor como lo más importante, vuelvo a repetirlo, en la práctica, «brillaba por su ausencia». Yo me sentía profundamente solo, necesitaba encontrar la verdad. ¡Qué cosas tan raras pensaba siendo tan joven! ¿Qué verdad, en un mundo construido en la farsa y la mentira? Un sábado me encontraba solo en el inmenso patio desértico del colegio. Aquella tarde triste, le prometí a Jesús seguirle durante toda mi vida, y hasta ahora lo llevo en mi corazón como un misterio. Pero sólo a Jesús. Aquella montaña de irresponsabilidad ideológica la dejé en su almacén de vanidades.

—Yo creo que hoy podemos terminar clarificando de una vez por todas lo que te hablé anteriormente. La solidez interior se consigue con la acción. ¿De qué sirve tener la cabeza llena de pensamientos si ninguno se lleva a la práctica? Jesús y tus conceptos de Dios no tienen que ser un conflicto en tu vida. Déjalos como una semilla luminosa dentro de tus emociones. Dentro de tu corazón. No pienses nunca, ni dudes de ellos. Déjalos crecer en el silencio y la paz profunda y olvídate como te olvidas que tienes hígado, corazón, cerebro o riñones. Son el misterio y la profunda humanidad los que producirán sus destellos. Tu cerebro y tu mente necesitan orden y concentración para su evolución y de ahí crecerán las semillas de las acciones nobles. No te disperses en elucubraciones imposibles y piensa siempre en el orden y la sencillez. La complejidad sólo trae desequilibrio psíquico y enfermedad. Olvida el pasado triste y nebuloso de resentimientos, nada de lo que en él existió existe en el presente. Es ahora el momento perfecto para olvidar todas las emociones negativas que inundaron tu vida y recordar con alegría cada momento triste, porque sólo son impresiones, huellas que nada tienen que ver con la vida que vives en el presente. Concentración y acción, ese es el modelo de vida que debes seguir para tomar conciencia de los problemas reales del mundo. Reflexiona acerca de los mismos y te darás cuenta de la insignificancia de tus conflictos...

Aquella tarde hicimos varias visualizaciones positivas. Maribel me hablaba con su linda voz dulce y melodiosa, mientras mi atención se concentraba en la respiración. Sus palabras entraban en mis oídos y transformaban mis impresiones negativas en alegres melodías de felicidad. Entendí perfectamente que mi drama subconsciente tendría que desaparecer evaporado por el poder del presente positivo y los estímulos de la acción. Ya no era un niño fácilmente influenciable por estímulos imprecisos, ahora dominaba un amplio espectro de la realidad y era consciente de las raíces de muchos de mis males.

CAPÍTULO VI

DEPRESIÓN EN LAS EMPRESAS

Hoy día los estados de ánimo en casi todas las empresas (por no decir en todas) están por los suelos. En nuestro país los empresarios y los trabajadores son dos mundos de difícil compenetración por la escasa conciencia que existe del beneficio saludable que suponen las buenas relaciones humanas. Unos y otros, e incluso los trabajadores entre sí, se hunden en la crítica y las obsesiones maniáticas y depresivas por incidentes que se podrían resolver si hubiera voluntad, ánimo y capacidad para resolver estos problemas. Las emociones dañinas ensombrecen las jornadas, sin que nadie tome conciencia del deterioro que producen. A estos aspectos no interesa prestarles demasiada atención y se descuidan tanto, que no es el trabajo en sí lo que nos cansa y deprime, sino el irracional comportamiento de los unos para con los otros.

La lógica y la razón mercantil son los dos raíles por donde se desplaza el espeluznante tren empresarial cargado de protagonismo y estructuras abrumadoras, prepotentes e inhumanas. Un tren aséptico de sentimientos avanza día a día llorando de tristeza y pesadumbre hacia ningún lugar de armonía y concordia, y es que la lógica empresarial no dispone de espacios para la sensibilidad y los buenos sentimientos, sólo el trabajo, el *marketing* y las ganancias acaparan toda la atención. Los valores humanos son sutilezas humanas que se interfieren en el camino acomodado de la auténtica farsa y el egoísmo más descerebrado.

Trabajé durante siete años en Amper. En aquella empresa se cocían ambientes irresistibles e inhumanos. Me fui de allí porque quise, para trabajar como autónomo. Durante quince años todos mis clientes quedaron satisfechos con mi trabajo. En 1995 me contrataron en un estudio de diseño y en junio de 1997 tristemente me echaron por «desencanto y deprimido». No soporté las obsesiones depresivas de mis compañeros ni la farsa de aquella empresa y reconozco que me hundí, pero hasta el final, aunque lento, cumplí con mi obligación.

Fragmento 1 del libro *¡Despedido!*

En estos momentos no sé qué pensar. Estoy confundido. He sido despedido de mi trabajo. Es traumatizante. Y me reafirmo en la realidad más evidente. El dinero. Cuando estoy sin trabajo la incertidumbre me inquieta. Los tiempos son difíciles y con mi edad no sé si encontraré otra nueva ocupación. Pienso mucho tratando de encontrar una razón lógica y proyectar mi futuro más inmediato. ¡Qué horror de sistema! No quiero confundirme y echar la culpa, irresponsablemente, a alguien. Me produce ansiedad y miedo la insensibilidad, la falta de solidaridad... Durante los últimos meses he perdido mi ritmo habitual de superación. Si estoy desilusionado, me entristezco y no me concentro. Me distraigo. Eso ha sido mi ruina. En el fondo un buen profesional tiene que estar por encima del mal ambiente reinante. No son las empresas ni las personas las que nos tienen que ilusionar, somos nosotros desde dentro los que tenemos que estar en continua superación, sin desaliento. Se me vino encima la gran obsesión depresiva e insensible de esta empresa. Todos. Unos y otros se influyen y castigan ignorando las consecuencias de sus acciones. ¡Qué huella me ha dejado el desinterés humano! ¡Qué vacío, la indiferencia!

En aquellos momentos me encontraba angustiado y para no venirme abajo intenté construir, a través del pensamiento analítico, una estructura que sostuviera mi autoestima, pues sentía que mi sistema nervioso aumentaba a un ritmo vertiginoso la producción de monoaminaoxidasa. Me deprimía por momentos. Era normal. Mi cuerpo reaccionaba con depresión reactiva. En aquellos momentos bioquímica y potencial mental se pusieron en marcha para evitar mi hundimiento.

Fragmento 2

¿Cómo se prepara un guerrero de la no violencia? En la lucha donde se puede perder la vida. Se necesita mucha concentración. La distracción contribuye a la degradación y la pérdida del tiempo. En ese estado, gana terreno el oponente y nos puede matar. En tu caso te han despedido. La vida es una lucha, te gana cuan-

do pierdes la concentración, la alegría de vivir. Cuando no has amado y no has sentido la alegría inmensa del amor. La gran ley de la vida es el amor. Con amor hay alegría, concentración y la ilusión de vivir. Todo se vence con amor. Me hablo a mí mismo, esto es cosa de loco, pero necesito convencerme de una vez por todas que la vida sin sentimientos no tiene sentido. Nunca mates la inquietud profunda de las emociones nobles. Busca el origen de esa tendencia. Allí estará lo que ha de ser tu futuro. Escribe este libro y olvida esta historia. Renueva tu piel como la serpiente. Es el presente lo que te importa y los impulsos fuertes de tus sentimientos. Cuando desconectan el cordón umbilical que nos alimenta, se produce dolor. Con la fuerza de tus convencimientos vivirás. Haz bien tu trabajo.

¡Qué mal estoy, joder!

Me hablaba a mí mismo desde lo más profundo de mi ser no violento, convencido de haber tenido culpa de aquella situación. Mi resentimiento era evidente y trataba por todos los medios de analizar con realismo el significado de estar en terreno de otros, donde el equilibrio está medido entre el trabajo bien hecho y el dinero. Allí empecé a trabajar con cariño, ilusión y alegría, pero cuando me faltó el amor al trabajo me debilité bastante. El ambiente patológico de aquella empresa caló irremediablemente en mi estado de ánimo. Tenía que escribir para superarme a mí mismo y analizar la situación deteriorada de los ambientes humanos en las empresas. Era un estímulo muy grande poder denunciar la decadencia de los valores humanos en el terreno objetivo de la vida empresarial.

El amor y la no violencia equilibran el exceso de producción bioquímica, facilitando el intercambio de información de las células al cerebro. Pero la incertidumbre, la falta de ingresos y una posible crisis conyugal eran causas suficientes para precipitarme en la tristeza. Había muchos fuegos que apagar.

Fragmento 3 (*de junio a noviembre de 1995*)

El primer día que estuve en esta empresa me sorprendió su silencio. Se oía el sonido del aire acondicionado como el despegar de un avión. Sonido de teclados y notas características de los ordenadores cuando haces una función mal. Al fondo la radio con sus noticias o canciones machaconas y repetitivas de promoción discográfica: el programa de «Goma Espuma» o el inmortal don Luis del Olmo. Trabajé durante todo el verano en casa. Pep era el director de arte encargado de darme trabajo. Congeniaba bien con él. Hablábamos mucho. Tenía treinta y cuatro años. Alto y delgado. La cabeza más bien pequeña con una calva incipiente. Su nariz grande y sus ojos muy pequeños y hundidos en sus órbitas. Su mirada me dio sensación de estar perdida y muy quemada. Fue siempre sincero, me habló de su familia y su vocación frustrada había sido el fútbol. Sentía nostalgia del pasado.

Antes de entrar a formar parte de la plantilla de la empresa, trabajé con ellos como colaborador. Pep era uno de los jefecillos encargado de darme trabajo. Así estuve seis meses hasta que me incorporé al estudio.

Fragmento 4 (*1 de noviembre de 1995*)

*Mi primer día de trabajo. La empresa estaba situa-
da en la planta baja de un edificio moderno y dividida
en tres partes bien definidas: laboratorio de preimpre-
sión, fotocopiadora, espacio para tomar el café y un
perchero. Puerta de acceso a recepción, sala de reuniones, despacho de Felx y mesa de dibujo de Jospi,
enfrente. Y un amplio espacio para diez ordenadores
colocados de dos en dos. Pep asumía, de una forma
ejecutiva, la responsabilidad de jefe de sección o director de arte. Jospi supervisaba todo, era como un director sin mando, pero se notaba su presencia y su peso
específico de socio currante. Pasaba de papeles directivos o ejecutivos. Su trabajo era dibujar y lo hacía
bien. Nadie me presentó a mis compañeros y compañeras de trabajo. Fui conociéndolos por mí mismo,
cambiando impresiones. Desde junio había tenido
tiempo para aprender sus nombres de memoria y saber
un poco de ellas y ellos. Tenía la sensación de que Felx
les trataba bien y estaban a gusto. Seguro que de
cuando en cuando se los llevaba a comer y a charlar,
para disolver tensiones. El silencio del estudio era
encantador e iluminado con grandes ventanales. Me
llamó mucho la atención el sonido silbante del aire
acondicionado. Cerrando los ojos, me imaginaba que
despegaba en un avión. Mi horario era de ocho a cuatro de la tarde. Buen horario y muchas horas de encie-
rro que yo incrementaba regalando dos o tres horas
más. Todos estaban a esa hora menos Felx, que tenía
por costumbre llegar a las nueve. Venía bien vestido
con traje y un pañuelo alrededor del cuello. Después*

de saludar a todos en un tono de voz baja y deprimida, se acercó a mí. Estaba sentado enfrente de Pep elaborando mi primer dibujo.

—Buenos días, Mariano.

—Buenos días —le contesté girando la cabeza a la derecha y mirando hacia arriba. La luz de los fluorescentes se reflejaba en sus gafas y no podía ver sus ojos. Dejé de trabajar y me puse en pie.

—¿Qué tal te encuentras? ¿Estás a gusto? —me dijo muy amablemente.

—Bien. Muy bien —le respondí. Sonrió satisfecho y me dio una palmadita en el hombro. Me sentía muy agradecido y contento por esos detalles de amabilidad hacia mi persona.

Felx era el dueño y gerente de la empresa. Él me había contratado. Jospi, su hermano y socio, desempeñaba el papel de dibujante. Aquel día me encontraba feliz. Volvía de nuevo a estar encerrado entre cuatro paredes, pero tenía la recompensa de estar haciendo lo que me gustaba y un trabajo que suponía ganarme el pan de cada día.

Fragmento 5 (*10 de agosto de 1997*)

Me asaltan sentimientos de tristeza que no puedo controlar. Estoy sin trabajo y no sé si seguir escribiendo. Lo primero es buscar mi medio de vida. No quiero ser pesimista y abandonar esta idea, porque necesito terminar lo que he empezado.

Mi crisis matrimonial se ha desencadenado de nuevo. La incertidumbre me puede desmoronar. Tengo que resistir. Se me ha metido en la cabeza escribir este libro y tengo que hacerlo como sea. Es un momento de mi vida difícil y muy delicado. Necesito tener control total sobre mis pensamientos y emociones. Concentración. Y la certeza de que todo lo que estoy haciendo va a servir de algo. ¡Qué difícil se pone la vida! Y soy un hombre de suerte.

Necesito deciros muchas cosas y el tiempo es breve. Necesito mucha concentración y apoyo para realizar este empeño, porque considero que es bueno que tomemos conciencia del deterioro general que estamos sufriendo. Dicen que las guerras unen a la gente. ¿Necesitamos algo parecido para recuperar la cordura?

En aquellos momentos se me juntaron dos problemas graves: la falta de empleo y el deterioro familiar. Tuve momentos de ira que dirigí equivocadamente hacia mi mujer. La desestabilización emocional era evidente, pero a pesar de todo tenía que terminar aquel trabajo que me servía para desahogar mi agresividad y mis frustraciones. Al fondo y de verdad latía siempre la misma inquietud: Mi permanente preocupación por ayudar a los demás. En este libro narraba hechos reales de decadencia humana en un lugar en el que apenas se percibía lo que estaba sucediendo. Los sucesos pasan y hay que saber en qué medida afectan a las personas. Pero esa falta de inquietud y de aprecio era la incapacidad misma para saber cómo condicionan los comportamientos negativos causando obsesiones y depresiones importantes.

Era agosto y en septiembre tendría que ponerme a buscar trabajo. Mi inestabilidad era evidente y no fueron pocos los esfuerzos que tuve que hacer para no derrumbarme. Y no claudiqué.

Fragmento 6 (*diciembre de 1995*)

Habían pasado los días y las semanas y, sin pretender saber nada, ya me iban poniendo al corriente de todo lo malo de la empresa. Siempre pasa lo mismo en todos los sitios. Debía tener mucho cuidado, porque la influencia sugestiva era muy dañina. Mis compañeros y compañeras estaban muy obsesionados y necesitaban desahogar sus estados emocionales con alguien. Tenía un poco de miedo a la avalancha de opiniones negativas. Nunca pude imaginarme que este sitio tan silencioso albergara tanto sufrimiento personal y tanta inhibición.

Marcelo dice que se va dentro de algunos meses y monta su propia empresa de diseño y maquetación.
—Tío, estoy deseando abrir la puerta y largarme de aquí. Menudo cuento tienen estos tíos. Ese «chorbo» no tiene ni puta idea de na. Va de listo. Yo le doy mil vueltas —hablaba de Pep—. A mí me corta todas mis iniciativas. Sabes qué te digo, que me voy a montar por mi cuenta, así como lo oyes. Me voy a montar y que se queden con esta puta empresa. ¡Qué falsos son, macho! Lo que yo no sé es cómo podemos trabajar así. Porque somos tos mu buenos, tío, si no de qué —Marcelo era de un carácter muy afable, pero cuando le tocaban la moral, se encendía por dentro. Su sentido de la justicia me sorprendía.
Rafa, desde el primer día, me transmitió su obsesión.

—*Tú no sabes lo que hay aquí, Mariano. Ya han echado a varios por culpa del míster ese. Como se le tuerza la cabeza vas de lao. A mí me daba voces al principio. Yo le he aguantado muchas. Ese tío es un cáncer para la empresa. Nos tiene amargaos.*

Merche era una gran profesional y muy buena como persona. De sensibilidad y humanidad exquisita; transparente, de pensamientos nobles; una chiquilla madura, valiente...; guapa, con grandes ojos castaño-oscuro. Estatura media y delgada. En su forma de hablar incluía un amplio repertorio de palabrotas como válvula de escape. Estaba siempre muy agresiva, nerviosa, harta, deprimida... ¿por qué? En aquel momento de hablar por hablar, de comentar cosas livianas, Ester dijo:

—*Ese que se sienta ahí no me deja en paz. Se chiva como un crío pequeño a Felx de lo que hago. Es que no le puedo ni ver. Lo tengo atragantado. Nos hace la vida imposible.*

—*Mujer, ya será para menos. Yo le veo un tío muy majo y muy trabajador —quería restar importancia porque me parecía todo muy exagerado.*

—*No exagera. Es un auténtico cabrón. Nos está haciendo putadas continuamente. Él lo único que quiere es poder y dominar a la gente a su antojo. No tiene sentimientos —dijo Merche.*

—*Pues conmigo se porta divinamente, yo no tengo ninguna queja. Es muy servicial.*

Dije lo que sentía. Pep me había favorecido en todo y no podía ocultarlo. Ellas estaban obsesionadas y deseando encontrar la más mínima oportunidad para desahogar todo el odio que llevaban dentro. Merche era capaz de llevar aquel departamento y se me ocurrió pensar que ella también ambicionaba el poder. Quizá su ilusión más grande era cambiar el estado de tristeza y obsesión crónica del estudio por un ambiente más distendido, responsable y ameno. Aquella empresa era como una película de buenos y malos. Ciertamente, la realidad no me gustaba; allí se había generado, por motivos que desconocía todavía, una atmósfera mental dañina.

Sri Swami Sivananda, *uno de los grandes maestros espirituales de la cultura india, describiría así este ambiente:*

«Una mala intención es un mal pensamiento. Éste, primeramente, daña al pensador hiriendo su cuerpo mental; en segundo lugar, daña a la persona objeto del mismo y, finalmente, envenena la atmósfera mental del lugar donde se habita. Si los pensamientos diarios son de críticas, injurias, de propiedad egoísta y causan dolor, no solamente el lugar estará infectado de malas sugestiones, el causante o los causantes se verán rodeados también de circunstancias desfavorables.»

¿En que clase de lugar había caído? Merche estaba disparando su rabia con palabras duras, emotivas y sangrantes.

Mi ilusión y alegría no habían disminuido. Aquel trabajo era muy importante para mí y empecé a generar inquietud por ayudar a la gente.

Ingenua e inconscientemente me surgían sentimientos nobles y hablando con unos y otros les hacía conscientes de lo dañina que era la crítica y los pensamientos negativos.

Fragmento 7

—Buenas tardes.

Era una voz dulce y musical. Teresa la señora de la limpieza entraba por la puerta. Su voz melodiosa indicaba el término de la jornada. A los cinco minutos todos se despedían pasando por delante de las mesas de dibujo donde trabajábamos Jospi y yo. No es que fuera una obligación despedirse de nosotros, es que inevitablemente tenían que pasar por allí para salir a la calle.

—¿Qué tal estás? —me preguntó Teresa.

—Bien. ¿Y a ti, Teresa, cómo te va? —le dije.

—Me duele un poco la cabeza. Serán las cervicales, como hace un poco de frío pues me revuelven. Pero no pasa nada, yo estoy contenta —me dijo.

Aquella mujer tenía un encanto especial. No quería verla en su papel de señora de la limpieza. Normalmente los papeles que desempeñamos en la vida nos limitan a ser eso: ella es señora de la limpieza, yo soy dibujante, el otro es el jefe, el contable, el chico de los recados, el gerente..., mi lucha era ver al ser humano en toda su dimensión. ¿Por qué ponemos esos límites a las personas etiquetándolas de esto o aquello? Con Teresa no quería caer en esa trampa mental, del prejuicio, de la etiqueta, de lo absurdo... Ella tenía una personalidad muy bella, positiva, rica en detalles...

154

A veces se emocionaba, porque no soportaba que la gente le hiciera daño.

La vitalidad y el entusiasmo de Teresa daban un toque de alegría al malestar general. Ella también se quejaba a veces, pero lo hacía con gracia, disipando el dramatismo. Cantaba mientras pasaba el plumero para limpiar el polvo o barría el suelo. Se interesaba por unos y por otros, y siempre había algún tonto que le gastaba bromas impertinentes. Ella se enfadaba un poco y luego volvía a la normalidad. Su fondo bueno se resentía.

Fragmento 8

Felx solía ponerse por las tardes a trabajar en el ordenador. En aquellos momentos desempeñaba las funciones de dueño, gerente y coordinador. Atento a toda la actividad de facturas, trabajo y maquinando cómo generar otra actividad que le diera mayor independencia.

Todos los días hablaba con Pep y éste le ponía al corriente. Yo observaba todos los movimientos de una forma sana, pues quería saber de las personas y el proceso empresarial que allí se estaba organizando. En el fondo no me integraba en la empresa, mi ilusión era tener la mía propia. No es lo mismo ser independiente con tu propio negocio, que ser un simple currito donde todo el mundo te manda. Y si sólo fuera eso... Lo peor de todo es tener que soportar día a día la mentira imaginativa de las personas; ellos te ven con sus filtros mentales y no como en realidad eres, y te cuelgan sambenitos por los que tienes que pagar un alto precio.

¡Qué difícil están las relaciones humanas en los trabajos! No es el trabajo en sí el que hace sudar, son las malditas manías persecutorias de unos y otros las que nos hacen sufrir, y si esas manías las tienen los jefes y directivos, es horroroso.

En aquellos momentos me sentía un poco triste. Ya me empezaba a afectar algo aquel lugar. No podía dejar de analizar y tratar de comprender cómo se generaban los malos ambientes. Mi atención se concentraba en el rumiar mental de unos y de otros. No era de extrañar que aquella empresa estuviera tan cargada de negatividad. Allí no había corazón, era evidente, sólo emociones y pensamientos interesados y egoístas. La desconfianza, el resentimiento, la imaginación enfermiza... emitían sugestiones muy peligrosas. Aquellos cerebros, además de desempeñar su trabajo, mantenían una guerra interior tensa y descabellada. La verdad es que el simple hecho de observar el día a día me producía desasosiego y temía que todo aquello absorbiera mi aséptica independencia. No quería que me afectara ni lo más mínimo y tenía muy claro que lo mío era únicamente trabajar, pero mis buenos sentimientos me jugaron una mala pasada... No cabe duda de que cuando las mentes están en el infierno mental, es imposible sacarlas de ahí por mucho que te empeñes, y corres el peligro de caer al mismo abismo.

Fragmento 9 (*diciembre del 96 al 21 de mayo del 97*)

El orden cronológico es importante a la hora de valorar los hechos, pero a mí lo que más me importa es que sepáis comprender el realismo de todo cuanto os estoy contando. No me invento nada, todo ocurrió dentro y fuera de mí. Llegué a este trabajo consumido por las preocupaciones. Mis deudas, mi crisis matrimonial, mis hijos adolescentes devoradores y egoístas, mis propios y profundos problemas... Aquel sueldo era empezar a respirar un poco y ganar de nuevo mi propia autoestima. ¡Era muy importante! Mi proceso y la dinámica de la vida, cuerpo y mente en continua ebullición... ¡Qué sentido tendría en el fondo la vida! Tanta complejidad, ¿para qué? ¿Por qué somos tan dañinos los unos con los otros? Día a día me planteaba no olvidar que estaba envuelto en una maraña que podía oprimir lo más sagrado de mí mismo. Mi aportación económica en mi familia era un puente tendido para salvar mi situación precaria. Mi capacidad creativa iría en aumento y no me llenaría de falsas esperanzas. La base en realidad era económica y todo tendría solución, lo más importante era ganarme la vida.

Todos mis razonamientos iban encaminados a mantener mi alegría y mi autoestima por encima del negativismo reinante. Seguía yendo a trabajar con ganas e ilusión. Recordaba lo mal que lo había pasado y el tiempo que estuve sin trabajo, y me equilibraba mucho poder ganarme la vida de nuevo. Sentía miedo de aquellos devoradores de emociones positivas. Entre mis emociones y pensamientos se mezclaban preguntas nacidas de la duda, que sólo me producían pequeñas impresiones de tristeza. Quería por todos los medios grabar en mi memoria que lo más importante era mi familia, mi superación en el trabajo y mi sueldo. Todo lo demás necesitaba alejarlo de mí a una distancia prudencial, para evitar el daño. Pero mi forma de ser me jugó una mala pasada.

Fragmento 10

A las nueve de la mañana Felx llegó como siempre. Deprimido. Nos dio a todos los buenos días con su característica voz baja y seguidamente entró en su despacho. Hojeó el periódico y llamó a Pep para que le informara de todo. Se les oía perfectamente que hablaban de Encarna y de su producción, era una crítica a la espalda de esta persona. Al ratito Felx llamaba a Encarna. Ella entraba en el despacho visiblemete nerviosa. Hablaron del trabajo que estaba realizando, Felx estaba irritado. La conversación era tensa. Encarna salía del despacho consternada. Pep permanecía fijo en la pantalla de su ordenador como si no pasara nada. Él sabía perfectamente lo que estaba ocurriendo. Encarna había sido amonestada y se sentaba en su sitio con un gesto contraído por la rabia. Aquella muchacha los odiaba, pero ella negaba tal sentimiento. Un día me habló en la cafetería de «ese individuo» como le llamaba ella.

—Tú no sabes las putadas que nos ha hecho ese individuo. Es un cabronazo. No nos deja trabajar tranquilas —me dijo. Yo como siempre trataba de suavizar.

—No será para tanto, ¿eh? Yo creo que todos sois unos exagerados —le dije.

—Joder, acabas de llegar y ya sabes más que nosotros. ¿Eres psicólogo acaso?

Encarna me atacaba como un animal verdaderamente herido. Negar la evidencia de aquella situación era como anularla a ella y a todos. ¿Cómo me atrevía a emitir opiniones para ocultar un hecho tan palpable? Encarna era un auténtico Tauro. Rubia y muy guapa. Profunda y a la vez infantil. Se entregaba a su trabajo con esmero y mucha responsabilidad. Muy amiga de Merche y de Luis. Su risa era espontánea y sincera. En aquella conversación me di cuenta de la dimensión del problema. A mí no me afectaba, de momento, pero corría el peligro de estar en la misma situación que ellos, criticado por una mentalidad, probablemente, «maleducada». La mentalidad de Pep era así, pero la mentalidad de Felx, ¿cómo era? Cada día estaba más sorprendido.

—Yo aquí nunca trabajaré con alegría, la perdí hace ya mucho tiempo —me decía Encarna con tristeza.

Mamen era un cielo de chica. Siempre sonreía. Pequeña y delgada. Su cara, alargada y guapa. Pelo corto y moreno. Su padre padecía desde hacía algunos años demencia senil. Fue panadero. Ella había asimilado que en esas circunstancias lo mejor era la muerte. El sufrimiento terrible afectaba a toda la familia. Yo nunca pregunté a nadie ni me interesaba escarbar para averiguar nada, ellos mismos veían en mí una persona de confianza donde descargar el agobio de su obsesión. Mamen también estaba afectada, pero sabía pasar del ambiente y centrarse en su trabajo. Lo más *importante era hacerlo bien y sonreía siempre con ganas, aunque muchas veces, sobre todo los lunes, tenía que hacer verdaderos esfuerzos para mantener el tipo. Bueno, como todos.*

Yo estaba atento a mí mismo y a mis propios defectos. Sé que soy muy complejo e intento no molestar a nadie. Pero tampoco quiero que me echen culpas y muertos, fruto de la imaginación enrevesada y los prejuicios injustos de los demás. Quizá fui un exagerado, pero comprendía cada vez más que allí tenía que ser así; además mi cometido era doble: trabajar y analizar para luego escribir este libro. No quería ver las cosas desde mi propia imaginación, trataba de trabajar en el terreno de la realidad, de lo que estaba ocurriendo en aquella empresa, donde aparentemente no pasaba nada. Aquel silencio sórdido, la radio, el silbido del aire acondicionado y el continuo lamento de unos y de otros calaban y tenía que protegerme con razones de peso objetivo.

¿En todas las empresas estaba pasando lo mismo? ¿Qué tipo de enfermedad nos volvía locos a todos?

La indiferencia, la falta de aprecio, la falta de valores sensibles... La falta de amor. *El amor quemado por lo mercantil, por los agobios de dinero, por el egoísmo... Los agobios económicos queman la vida sentimental de las personas...*

Fragmento 11

Los días, las semanas y los meses pasaban. Los acontecimientos producían el estruendo de una gran cascada. Las malas noticias, lo negativo... era el sonido más estridente y dañino. Las obsesiones y el sufrimiento humano, dentro y fuera de la empresa. Las malas relaciones. Mis problemas familiares. Mis profundos problemas personales. Dentro y fuera. En mi casa, en la empresa, en España. En el mundo entero. En cada décima de segundo se agolpaban los sucesos. La era tecnológica o el postmodernismo, como se le quiera llamar, nos saturaba de informaciones de todo tipo, mayormente negativas. Se nos estaba olvidando vivir. El bombardeo continuo de ideas hacía estallar en mil pedazos algo tan simple y necesario como vivir. Respirar, amar y trabajar para ganarse el sustento honradamente. Tres aspectos importantes. Entre otros: la paz y la tranquilidad, para vivir en equilibrio. ¿Dónde está nuestra paz y la alegría de vivir en estos tiempos?

Allí en mi puesto de trabajo generaba paz y alegría. Todos los días me superaba en mi trabajo porque no podía vivir sin estímulos.

—¡Cómo envidio lo contento que vienes a trabajar! —me decía Pep.

—No creas que estoy tan contento.

—Sí, pero tienes una alegría que ya me gustaría a mí tenerla.

—Cuando pasen algunos años, ya te diré si sigo así. No creas que estoy contento. Tantas horas encerrado me produce angustia y me deprime.

—Joder, macho. Pues yo te veo de puta madre.

—Hombre, la verdad es que no puedo quejarme, soy muy afortunado de estar entre vosotros y lo que no voy a hacer nunca es dejarme llevar por mis estados de pesimismo. Necesito este trabajo y son lentejas, o las

tomas o las dejas. Para mí es un gran aliciente superarme como ilustrador y aprender todo lo que tengo
que saber aquí. ¡Es un reto!

—Yo al principio tenía una ilusión bárbara, pero
desde que me hice con este departamento todo se vino
a pique. Nadie quería este puesto. Yo tenía un poco de
experiencia y fue necesario que cogiera las riendas, y
fíjate cómo es la gente.

—Las personas son muy difíciles. Hay que saber
tratarlas —le dije.

—¿Y tú crees que yo no sé tratarlos?

—Hombre, pues... —dudé en mi respuesta— no os
conozco todavía bien. ¿Tú conoces el libro de Dale
Carnegie Cómo ganar amigos?

Él me hizo una pregunta y yo le lancé otra. Se me
quedó mirando pensativo sin decir nada. No me con-
testó. Empezó a teclear de nuevo su ordenador. Yo
hojeaba un libro de fotografías, buscando un tenista
para hacer una ilustración. La pausa de Pep fue larga
y, mientras miraba a su pantalla, empezó a balbucir
pensamientos.

—Yo creo que el peor bicho que hay en la tierra es
el ser humano. Si viniera una plaga y arrasara, qué
tranquilo se iba a quedar todo

—Hombre, pues no sé qué decirte. Hay mucha maldad, desde luego...

—Tú no sabes lo que hay aquí metido.

—Como en todos los sitios, ¿no?

Hizo un gesto con la cara y no volvió a decir nada.
Se levantó de su sitio y fue hacia el lugar de trabajo de
Miguel. La forma de ser mansurrona de Pep y su evi-
dente resentimiento me producían una sensación de

rechazo hacia su persona, pero por todos los medios evitaba dejarme influir por tantas sugestiones negativas. Él seguía portándose muy bien conmigo y yo le correspondía.

¡Qué esfuerzos tenía que hacer para no caer víctima de las influencias negativas! Había llegado el momento de dar sentido a mi vida en aquel lugar. Definitivamente estaba convencido de que tenía dos trabajos: como ilustrador y como investigador. Aquel ambiente era agotador y tenía que tomar nota de todos los acontecimientos para salvar mi pellejo de las influencias dañinas. Menos mal que entré a trabajar con esa idea en la cabeza: la de investigar. Escribir sobre los acontecimientos sería terapéutico y así me mantendría al margen como un observador. Aunque ellos trataran de colgarme sambenitos y arrastrarme hacia su terreno, yo particularmente estaría a salvo de sus influencias. Pretendía ser como el hombre invisible, independiente, pero era corpóreo, muy emocional y amigo de la justicia. A pesar de todos mis planteamientos, cometí errores irreparables al inmiscuirme en un terreno tan resbaladizo.

Estaba deseando descubrir la verdadera personalidad de Pep, el hombre más odiado de la empresa.

Fragmento 12

Aquel día estaba disgustado. Mi hija y mi hijo, de diecisiete y dieciocho años, no se llevaban muy bien. Cuando se pelean lo hacen verbal y físicamente. Tengo mucho miedo de que pase una desgracia en mi casa.

Los problemas familiares que tengo que resolver son muchos y graves. La lucha diaria con los hijos absorbe muchas energías y mi forma de ser estaba cambiando por momentos. Mis idealismos, mis utopías, no eran más que eso, una forma de estar en las nubes. El realismo de la vida era feroz. En casa, en el trabajo, en cualquier sitio... ¿qué estaba pasando? Yo no quería en ningún momento desprenderme de los buenos sentimientos para convertirme en un «hijo de puta». ¿Era inevitable ser así? Me lo estaban pidiendo a gritos en todos los sitios. Necesitaba ampliar mis conocimientos, saber que mis pensamientos y mis sentimientos eran necesarios, como la buena semilla. Tenía muchos defectos. Muchos y terribles, pero en mí había un deseo grande de ser bueno. Un deseo de amar de verdad y de estar siempre alegre. Con la meditación estaba viéndome por dentro y era de una complejidad que me asustaba. ¡Cuánto trabajo para poder controlar la enorme carga de mí mismo, para saber el porqué y despejar el camino! ¡Cómo no iba a tener sentido ser noble y bueno! ¿Qué me estaba pasando? Necesitaba ser muy responsable y desprendido.

En aquellos momentos la vida me hacía consciente de lo ingenuo que era, pero aquella forma de ser era sana y tenía que defenderla a capa y espada. ¡Cómo era posible pensar que las emociones nobles no tenían sentido! Esta sociedad nos entrena «la mala bestia», pero yo siempre fui un iluso y creí en la otra parte benigna del ser humano. Era posible ser bueno y muy humano porque todos estábamos capacitados para serlo y pidiendo a gritos un cambio radical de los comportamientos.

Había que sembrar semillas buenas, porque el sufrimiento derivado de la estupidez y las malas intenciones son insoportables y generan enfermedades crónicas. La depresión tenía una raíz evidente en aquella forma de vivir brutal y dañina. ¡No podía cambiar mi forma de sentir la vida desde los valores humanos que nos hacen más alegres y felices! ¡No podía claudicar a la irracionalidad egoísta y sin sentido! Las lecciones de amargura que recibía todos los días de mis compañeros eran hechos evidentes para no cambiar mi forma de pensar en la fuerza que imprime el bien y la verdad.

Fragmento 13

Aldo era el único que no me había hablado mal de la empresa, pero fue suficiente un comentario mío hacia Pep, para abrirle una compuerta que mantenía cerrada quizá por prudencia.

—¿Qué tal te llevas con Pep?

—Pasando de él. Yo sólo estoy centrado en mi trabajo y no me importan nada sus opiniones ni su forma de ser.

—¿Qué tiene ese hombre que os tiene a todos envenenados.

—Te puedo decir que a mí me han hecho sufrir mucho, él y Felx. Yo siempre he tenido muy buena voluntad y me he ofrecido para resolver problemas que no eran de mi trabajo. Me han rechazado muchas veces. No quiero hablar del tema porque me pone nervioso. Muchos días tengo que lavarme la cara dos o tres veces para refrescarme, porque la jornada se me hace interminable e insoportable.

Aunque era evidente, me resistía a creer las historias que me contaban. Todavía pensaba que no era cierto. Pero estaba muy claro que allí no se sabía tratar a la gente. El desconocimiento y la línea dura empresarial, e incluso me atrevía a pensar que no había ningún indicio de voluntad sincera en resolver los problemas de convivencia. Interesaba que las cosas hubieran tomado ese cauce. Con gente inhibida se trabajaba mucho mejor y si alguno protestaba, a la puta calle. Desconocimiento y mala leche, dos mentalidades muy típicas de las empresas dictatoriales. En plena democracia las dictaduras empresariales pululan como setas venenosas. La importancia y la dignidad de las personas se las pasan por el forro de los...

Fragmento 14

El 23 de mayo del mismo año terminé de ilustrar todos los libros de texto que tenía entre manos. Se estaba creando una nueva revista de ganchillo y Felx me dijo que hiciera unos dibujos. Me dio unas muestras de otras revistas de la competencia y aconsejó que le hiciera algunas modificaciones. Eran muchos dibujos un poco complicados. Durante el fin de semana estuve pensando que se podían escanear y darles otra forma con el ordenador. El lunes se lo comenté a Jospi y le pareció bien. Cogí dos dibujos y se los di a Miguel.

—Cuando puedas, ¿quieres hacer esta prueba? —le expliqué en lo que consistía y se prestó amablemente a hacer el trabajo—. ¿Tardarás mucho?

—Nada, esto se hace en cinco minutos.

—¿No te estorbo en lo que estás haciendo?

—*Qué va, si ahora no tengo trabajo. Sobre las doce lo tienes terminado ¿vale?* —Miguel siempre fue muy amable conmigo. Al mediodía, como me dijo, me llamó.

—*Mariano, que ya tienes eso terminado* —me acerqué a su ordenador que estaba a unos cinco metros de mi mesa.

—*¿Te gustan así?* —me mostró en pantalla los dibujos. Los había puesto en perspectiva. Eso era lo que yo quería.

—*Sí, sí, así me gustan* —le dije.

—*¡Qué es eso!* —la voz sonó a mi espalda, era Pep. Me volví. Su gesto estaba contraído. Serio. Irritado. Me había cogido desprevenido. Y sentí un golpe de adrenalina correr por mi pecho y mi garganta. Tuve que hacer un esfuerzo para contenerme.

—*Son dos dibujos de ganchillo que le he dado a Miguel para que me los retocara un poco en el ordenador. Se lo comenté a Jospi y él me dio el visto bueno* —le dije ingenuamente, pero sabiendo que estaba en terreno resbaladizo.

—*¡Aquí no se hace nada sin mi permiso!*

Aquella forma de hablar tan dura obedecía a la verdadera personalidad de Pep en el estudio. Ya por fin veía la otra cara tan criticada de este personaje que hasta ahora no se había identificado conmigo. Tuve que aguantar y contener mi rabia y a la vez amortiguar la ira ciega de Pep. Me hirió en mi orgullo. Tenía razón, se me olvidó pedirle permiso para hacer este trabajo. Me despisté y no se puede uno despistar en estos ambientes territoriales y dañinos. Cuando te descuidas salta el depredador y te araña o te hinca el colmillo. ¿Significaban mucho esos minutos para Pep o es *que quería mostrarme que aquel era su territorio y allí mandaba él? Vislumbré la punta del iceberg del Pep criticado. No podía pasar por alto este incidente sin aclararlo. Tenía ganas de ver la otra cara oculta de Pep, para seguir sacando mis propias conclusiones objetivas.*

—Pep, me gustaría hablar contigo en la sala de reuniones.

Accedió rápidamente, con decisión y prepotencia de jefe, seguro de tener toda la razón y echarme la bronca. Yo también sabía cómo hablar para aclarar este incidente. Cuando se presentan estas bromas del destino, me rebelo y me brota un carácter muy fuerte. Imprudente, enseño también mis dientes al adversario para que sepa que soy otro bicho de cuidado. Es el ancestro que llevamos dentro. Mejor hubiera sido no entrar en el campo de la discusión, pero mi gran ego estaba herido por aquella reacción tan desmedida. Al pasar por la mesa de Jospi le hice consciente de lo que estaba sucediendo. Él, como verdadero jefe del estudio, tenía que saberlo.

—¿Sabes por qué se ha puesto así? Por los dibujitos esos de ganchillo que te dije que iba a modificar en el ordenador. Este chaval es un poco rarito —Jospi me miró. ¿Pensaría algo? ¿Sentiría algo? ¿Pasaba de mí? Y por fin lo manifestó—: Sí, es un poco rarito.

Su opinión me confirmaba la razón generalizada del grupo. Ya en la sala de reuniones manifesté a Pep mis buenas intenciones. No quería problemas.

—Quiero decirte, Pep, que mi único objetivo en esta empresa es el trabajo. Quiero cumplir honestamente y punto —le dije un poco nervioso.

—Sí, pero tú has interferido en mi planificación y estoy harto de que unos y otros rompan el ritmo de trabajo. Además si queréis mi puesto quedaros con él —me dijo lleno de ira.

¿Su puesto de jefe? ¿Quien quería ocupar su puesto? ¿Merche? No tenía por que aguantar algo tan ajeno a mí. En el fondo me sentía satisfecho de saber lo que tenía en su cabeza, pero fue muy desagradable. Aquellos minutos no eran tan importantes. Miguel, en aquel momento me dijo que no tenía trabajo. ¿Quién realmente estaba sacando las cosas de quicio? Todo en la vida tiene una explicación. ¿Qué pretendía realmente Pep? ¿Aclararme las ideas y demostrarme que él era el jefe? Oír su desagradable voz por tan poca cosa me enervaba.

—Pedro, quiero que sepas que no quiero tu puesto. No sé qué piensan los demás. Yo estoy seguro de que lo único que quiero es trabajar sin problemas como un simple dibujante y nada más. Estas circunstancias me ponen de muy mala leche y pueden decidir entre ser tu mejor amigo o tu peor enemigo —le dije. Yo no tengo ningún enemigo, pero me salió así.

—Yo no quiero ser ni tu amigo, ni tu enemigo. Me da igual. Me trae sin cuidado. Es que no me interesa. Tú no te metas en mi camino y todo irá bien.

El tono empleado era tenso y muy duro. Creo que no levantamos la voz aunque la agresividad era evidente. Ya por fin conozco al Pep tan criticado. Francamente patético. Era consciente de haber metido la pata por no conservar la calma. Estaba echando tierra sobre mi propio tejado. Mi forma de ser se rebeló, inevitablemente, contra uno de los causantes de aquel *ambiente insoportable. Cuando volví a mi mesa de dibujo le dije a Pep, delante de Jospi y todos los demás, que tenía mucho que aprender en la vida; él me tiró la misma frase.*

—¿Y tú no tienes que aprender?

—Yo mucho más que tú, ¿qué te crees? No hubiera discutido contigo, si fuera más espabilado.

Me resultó desagradable. Estuve obsesionado todo el día con una mala impresión. Sobre todo porque sentaba un precedente subversivo en aquel ambiente sórdido e inhibido. A los cinco minutos del incidente tenía dos ángeles a mi lado consolándome con su presencia silenciosa e invitándome a café. Merche y Encarna

—¿Te vienes a tomar un café? —me dijo Merche.

Miré a una y a otra y sentí que me estaban protegiendo. Ellas eran lo mejor y más humano de aquella estúpida empresa.

Pensándolo bien, ¿qué necesidad tenía de enfrentarme a Pep? Aquel incidente no fue tan grave. Simplemente con una disculpa por mi parte, me lo hubiera ganado de nuevo. A Pep hasta entonces lo consideraba como un amigo, pero por su reacción era evidente que nunca me consideró como tal. Esto me decía mucho de su forma de ser farsante

¿Por qué cometí tal imprudencia? ¿Por mi orgullo y mi protagonismo? No. La obsesión de todo el mundo se había apoderado de mí también. Las poderosas sugestiones depresivas y negativas de aquella empresa me estaban influyendo. Para mi investigación era bueno lo que había sucedido, porque por fin descubría la verdadera identidad falsa del mansurrón de Pep. Pero, ¿qué circunstancias le habían llevado a ser como era? No podía juzgarlo ni condenarlo porque carecía de datos objetivos. Sólo sabía que era uno de los sembradores de angustia y depresión. Aquello era muy grave. Al día siguiente, temiendo perder mi puesto de trabajo y como un cobarde le pedí perdón; él no se disculpó ni lo más mínimo. La culpa la tenía yo por haber sacado las cosas de quicio. Desde entonces Pep estaba muy bloqueado conmigo y sólo se dirigía a mí para darme trabajo.

Fragmento 15

Aquel día del mes de junio a primera hora de la mañana Felx llamó a su despacho a Merche. Estuvieron hablando durante media hora. Después Merche salía llorando. Felx, muy preocupado, la acompañaba. Todos trabajábamos, pero nuestra atención estaba pendiente de los acontecimientos. ¿Qué estaba pasando? Felx se encerró en su despacho visiblemente afectado.

El laboratorio era el lugar de trabajo de Rafa y éste siempre aprovechaba la primera ocasión para hacer sus comentarios o bien pedirme un consejo.

—El patio está revuelto, ¿te has percatado? —me dijo con cierto tono irónico.

—Eso parece —le dije.

No tenía ganas de hablar, ni de recibir ningún tipo de crítica hacía nadie. En aquel momento no admitía desahogos obsesivos.

—¿Sabes que a Merche la echan a Santa Ángela?

—¿Sí? ¿La movida de esta mañana ha sido por eso?

—*Claro. Ya se queda el capullo ese a gusto. Todo el estudio para él.*

Rafa, como estaba siempre revoloteando por toda la empresa, se enteraba el primero de las noticias buenas o malas. Los planes de Felx eran organizar una editorial y Merche quizá fuera la pieza clave para la nueva organización. No se entendía bien, pero el primer número de las revistas de Artesanía *había salido en el mes de mayo y se estaban preparando dos nuevas revistas:* Punto de cruz y Ganchillo. *Según me comentó un día Felx, quería trasladar toda la actividad editorial a Santa Ángela, un chalecito que tenía en Madrid. Cuando tuve oportunidad hablé con Merche.*

—¿*Qué pasa?*

—*Nada —tecleaba. Sus ojos llenos de lágrimas lo expresaban todo. No podía hablar y se levantó—. Perdona, Mariano, voy al baño —y se fue dejándome preocupado.*

Me fui de nuevo a mi mesa de dibujo. A la salida del trabajo miré hacia mi izquierda y vi a Merche sentada en el bordillo de la calle. Me acerqué a ella. Estaba llorando. Yo no entendía bien, todavía, aquella situación.

—*Hola Merche, ¿qué es lo que ha pasado?*

—*Pues que Felx me manda a Santa Ángela y yo no quiero —me dijo.*

Sus lágrimas recorrían sus mejillas y caían en forma de gotitas al suelo. Merche sufría y aquellas lágrimas no eran gratuitas ni inútiles. Me estaban afectando. ¿Por qué tenemos la puñetera manía de destruir lo más noble? ¿Por qué Felx prefería al mansurrón e hipócrita de Pep? ¿Por qué discriminaba de esa mane-

ra? ¿Era machista? A Merche la vi día a día trabajar con mucha capacidad responsable. Entregaba todo en la lucha diaria del trabajo, con una tenacidad y capacidad sorprendentes. Cualquier trabajo, por muy árido que fuese, le daba toda su atención y encanto. Ella, con su idealismo, sus razones y sus sentimientos, tenía capacidad incluso para crear esa hipotética empresa alegre de corazón responsable. ¿Eran incompatibles los sentimientos con el trabajo diario? Parece ser que sí. Pep no quería ser amigo de nadie. ¡Le importaba un rábano! Ya me lo manifestó aquel famoso día. A Felx le interesaba seguir así, porque su empresa funcionaba. ¡Qué importaba que la depresión castigara y enfermara a todos, si lo más importante era la facturación! Merche me hablaba y de cuando en cuando se le escapaba algún taco gordo. Su crispación era grande.

Al día siguiente por la mañana, de nuevo en el estudio, Merche recogía sus cosas. Iba y venía de acá para allá callada y muy triste. Metía libros y otras cosas en cajas para llevárselos a su otro lugar de trabajo. El ambiente como siempre era el mismo. La inhibición, el soplido del aire acondicionado y la música machacona de la radio de fondo. A las doce Merche sacó sus cajas a recepción. Nadie le dijo nada. Nadie se movió de su sitio, todo como siempre era aparentemente normal. Sentí que tenía que ayudarla y junto con Rafa cogimos sus pertenencias y las llevamos a su coche. Allí nos despedimos.

—Ya verás cómo vas a estar mucho mejor —le dije.

—¡Qué remedio! —me dijo triste y resignada.

Aquella mujer justa e íntegra se marchó muy a su pesar a Santa Ángela como desterrada. ¿Qué otra

173

palabra puedo emplear? En estos tiempos de las nue-
vas dictaduras empresariales, a los que muestran su
más mínima disconformidad, se les echa o se les des-
tierra.

Fragmento 16

Pep conmigo estaba totalmente bloqueado. Me sen-
tía francamente mal y pensé muchas veces hablar con
él, pero me convencí de que no debía hacerlo. Era su
problema. Mantendría como mínimo la comunicación
en el trabajo si era necesario y le escribiría una carta
donde le expondría mis buenas intenciones. Se la
entregaría al terminar la jornada, para que el lunes
día 29, después del puente de Santiago Apóstol, nos
sentáramos a hablar para aclarar un poco las ideas.

—Mariano, te llama Felx por teléfono —me comu-
nicó Elisa. Me extrañó mucho.

—Buenos días, Felx.

—¡Hola, Mariano! ¿Te acuerdas de los dibujos que
hiciste para el número 3 de Artesanía?

—Sí, sí. Me acuerdo perfectamente.

—¿Sabes dónde los pusiste?

—Sí claro, se los dejé a Miguel para que los esca-
nease.

—Mira a ver, por favor —la voz de Felx era como
siempre muy baja y deprimida. Me fui al lugar de tra-
bajo de Miguel y allí estaban.

—Sí. Los tiene Miguel en su sitio —le dije.

—Vale. Dile a Pep que se ponga, por favor.

—Sí, ahora mismo se lo digo. Hasta luego.

—Vale. Hasta luego —me dijo Felx.

Avisé a Pep y estuvo hablando con él durante unos minutos al cabo de los cuales Pep se sentó en su sitio. A los cinco minutos se levantó y se fue hacia el lugar de Miguel. Yo le observaba. «¿Te apuestas que viene con algún problema?», pensé. Cogió mis dibujos y vino hacía mí. ¿Qué querrá? Mi traquilidad se turbó por momentos. ¿Habrá problemas? No creo, porque esos dibujos están revisados y los puse en el mismo lugar donde dejé los otros de los números anteriores. El gesto de Pep no era de amigo. Se puso enfrente de mí.

—¿Y estos dibujos... ? —me dijo.

La pregunta ya me alertó. «¿Qué pasa con los dibujos?», pensé. Otra vez la dichosa adrenalina me subió por el pecho y la garganta. Sentí el cambio de mi carácter.

—¿Qué pasa con los dibujos? —le devolví la pregunta.

—¿Por qué estaban allí?

Me hablaba serio, con cierto drama, como buscando el quinto pie al gato o buscándome. Mi golpe de adrenalina ya lo tenía instalado en la cabeza y me causaba una especie de borrachera de mala leche. Traté de hablar bien, de explicarle que...

—Los dibujos del número 1 y 2 de Artesanía los escaneó Miguel y siempre los he dejado en su sitio. Con el número 3 hice lo mismo, como era habitual —le dije sin perder la compostura. No quería caer en otra discusión, ni tener ningún problema con él.

—Sí pero... —no le dio tiempo a terminar la frase, me di perfecta cuenta de que estaba buscando el quinto o el sexto pie al gato y la borrachera de adrenalina me jugó una mala pasada.

Muy correctamente le dije:

—Pedro, mira, no quiero problemas. Esos dibujos estaban allí porque siempre se pusieron en ese sitio. Si tú me dices que los ponga en otro lugar, pues no hay ningún problema, se ponen donde tú quieras. Lo que no voy a consentir es que me busques problemas por tu exceso de imaginación. Ya te aclaré un día que yo aquí vengo a trabajar y punto. Que no quiero problemas, que sólo quiero trabajar a gusto. Asépticamente, trabajar —le hablé con carácter sin levantar excesivamente la voz.

Me oyeron los que estaban cerca y a mi alrededor, Alex, Miguel, Ana... y no levantaron cabeza. Ni siquiera pestañearon. Pep se fue a su sitio en silencio. No dijo nada. Después, en recepción, llamó por teléfono. Supuse que estaría chivándose a Felx.

A las dos de la tarde llegó éste. Me saludó el primero con una sonrisa forzada. «Malo», pensé. A los diez minutos me llamó a su despacho.

—El lunes a las nueve quiero hablar contigo en Santa Ángela —me dijo muy serio y categórico.

—¿Y por qué no hablamos ahora? —traté de resolver el asunto lo más rápidamente posible.

—El lunes a las nueve te espero en Santa Ángela y hablamos más despacio.

Aquel Felx me resultaba ya un dueño jefe con todas las de la ley. Si lo que trataba era de atemorizarme con su actitud, lo había conseguido. Me inspiró miedo y desagrado. Sentí las mismas sensaciones de niño, cuando me castigaban o echaban la reprimenda por algo que había hecho mal. Pasé el fin de semana obsesionado.

El lunes por la mañana a las nueve llegué a Santa Ángela. Mi gran incógnita: ¿cuál iba a ser la reacción de Felx? Mis intenciones habían sido sanas en todo momento. ¿Qué podía temer? Esperé diez o quince interminables minutos. Por fin apareció Felx. Venía con un cigarrillo en la mano.

—Siéntate, siéntate... —me dijo mientras él tomaba asiento y encendía aquel pitillo. El silencio y la espera de aquel momento me producían angustia y por fin sonó su depresiva voz—. Estoy francamente disgustado. He pasado todo el fin de semana pensando en lo que has hecho. No sé cómo has podido comportarte de esa manera —¿hablaba de mí o de un criminal? ¿Qué crimen había cometido?

—No sé qué decirte. Creo que no es para tanto ¿no? —le dije, echándole un poco de valor.

—¿Que no es para tanto enfrentarte con Pep? No esperaba yo eso de ti, hombre, te consideraba de otra manera. Más serio. Estoy decepcionado contigo.

Me aplastaba su agresividad. Sus palabras contenían veneno emocional, muy negativo y destructivo. En aquella situación debía comportarme como un manso corderito y medir mis palabras o ser sincero y decirle lo que realmente pensaba. No me salía nada más que la verdad y así se lo expresé.

—Perdona, pero yo soy serio, más serio de lo que tú te piensas. Creo que el incidente de Pep es algo que a cualquiera le puede ocurrir. Le estáis dando una importancia excesiva, que no tiene. Tú sabes que nadie se lleva bien con Pep. Yo he querido ser su compañero y amigo, pero he llegado a la conclusión, y él mismo me lo dijo, de que no necesita amigos. Admiro a Pep en muchas facetas, sobre todo en el trabajo, es un tío muy responsable, pero... —me cortó.

—Sí, todo eso está muy bien, pero él ya no te puede ni ver. Yo me estoy replanteando que sigas o no trabajando con nosotros. Lo dejo en manos de mi hermano Jospi, que él decida. Si él ve bien que te quedes, pues te vienes a trabajar aquí a Santa Ángela. Tú allí en esas condiciones ya no puedes estar. Como verás no puedo hacer otra cosa.

Me entristecía profundamente. Felx en aquel momento me parecía monstruoso. Seco, cortante... ¿Tanto mal había hecho? Estaba confuso. El poder de sugestión de este hombre era demoledor. Emanaba energías negativas por los cuatro costados y llegué a la conclusión de que el núcleo del problema de aquella empresa era él. Un mastodonte negativo con una enfermedad depresiva crónica desde hacía mucho tiempo. Aprendiz de empresario aséptico de sentimientos. Él había sido un hombre de corazón en el pasado, lo sabía, pero su juego empresarial estaba condenándolo a ser insensible e inhumano. Las reglas de juego mercantiles las había asimilado bien y en el fondo estaba dividido.

Supuestamente, yo había atacado al centro de sus intereses mercantiles, Pep, y eso no podía perdonarlo. Era un subversivo, una persona problemática que ya no le interesaba. Pero, ¿qué problema le había ocasionado si todo mi interés era trabajar, ayudar en todo lo posible y no criticar? Me tragué mi rebeldía, mi fondo revolucionario, mis resentimientos hacia todo lo inhumano del proceso empresarial que estábamos viviendo. Respeté en todo momento el equilibrio del esfuerzo diario para poder ganar el sustento. Trabajé y lo hice sin duda lo mejor que pude. ¿Por dos roces insignificantes me ponía de patitas en la calle? Todo este proceso tenía una lectura muy significativa. Aquella empresa era una dictadura, donde no se podía decir nada en contra de la farsa y de los farsantes que provocaban esta situación. ¡Qué horror!

Todas las veces que hablé con él lo hacía con sentido del humor, era la única forma de saber llevarlo. Ahora estaba hecho un drama y lo único que podía hacer era no echar más leña al fuego.

—Si tú ves las cosas así, ¿qué quieres que te diga? Con mucho gusto me marcharía, pero no es el momento, a menos que tú me eches. En estas condiciones yo soy el que tendría que marcharse por amor propio. Ya no te caigo bien y eso es muy grave.

Me miraba pensativo. Me estaba atreviendo a decirle cosas que eran peligrosas. Pero yo sabía que como profesional le seguía interesando; si no, me hubiera despedido allí mismo sin más contemplaciones. Hasta ahora demostré mi valía y estaba bastante conforme con mi trabajo. Felx padecía angustia y depresión profundas. Aquel hombre necesitaba ayuda médica. Si yo no hubiera tenido las ideas claras, me envuelve en su imaginación y mentalidad distorsionadas. Yo era consciente de mis propios errores y le pedí perdón por mi torpeza con Pep, pero el me rechazó de nuevo.

—De esta empresa comen muchas familias y tienes que saberlo. No puedes ir desestabilizando a la gente y creando problemas.

Sabía a lo que se refería, él había visto mi carácter inconformista. Pero estaba equivocado, yo en aquella *empresa no me había empleado a fondo con la gente para revolucionarla; además no sabía hacer la revolución. Lo único que hice fue escuchar mucho y saber dónde me encontraba. Quise restar violencia y ofrecí una visión más sana, analizando las consecuencias destructivas que tenía la crítica. Escuché la obsesiva y deprimida crítica de todos, los de un bando y los del otro, y ofrecí ideas para solucionar el problema. Nunca levanté la voz para provocar distorsiones, desde luego innecesarias en un ambiente que necesitaba cariño y comprensión por todas partes. Sin sentimientos, aquel trabajo diario era brutal. Facturar, facturar... Ganar, ganar... sin un mínimo de aprecio y atención humana.*

—Desde hoy ya puedes irte de vacaciones. Yo no tengo más que decirte —me dijo Felx en el mismo tono de desagrado.

No le convencí ni lo más mínimo de mi inocencia. Aunque había metido la pata por entrar en discusión con Pep, era consciente de la realidad gracias a mis análisis y mi conocimiento objetivo de las cosas. Pero me encontraba muy triste. Era una huella difícil de borrar. ¿Cómo es posible que a Felx le importara tan poco? Para él sólo era mano de obra. La afectividad que mostraba en algunas ocasiones sólo era una reacción bioquímica interesada, sin ningún tipo de emotividad noble.

Me despedí de él lo más atenta y amablemente posible.

—Si te puedo ayudar en algo me lo dices —le dije con toda la buena intención del mundo.

—Sí, sí,.. Bueno, bueno... ya veremos. Te creo.

No me creía. Su desconfianza era tal, que me sentí ridículo diciendo aquella frase. No necesitaba mi ayuda «metafísica» como el decía. Necesitaba millones de pesetas. Si yo hubiese sido un gran ejecutivo que le hiciera ganar mucho dinero, el trato habría sido diferente. Pero era simplemente «un dibujante currito», cargado de buenas intenciones. «La pasta era la pasta» y las buenas intenciones de sentimiento eran cosas de la «metafísica».

Felx volvió a subir al piso de arriba y yo me despedí de Maripaz. A Merche y Mariví las vi llegar cuando estaba enfrascado en la conversación. No pasé a saludarlas ni a despedirme. Estaba deseando abandonar aquel lugar y utilizar mis vacaciones para olvidarme de todo. Felx me había regalado dos días, 30 y 31 de julio. Se me olvidó pedirle el cheque de mi paga a Justino, el contable, y tendría que volver al día siguiente. Me fui hacia Callao, quería ver unos libros en el FNAC. Después caminé por la Gran Vía tratando de olvidar. Estaba verdaderamente deprimido y obsesionado. Eran las once de la mañana. Por las aceras un fluir continuo de gente de arriba abajo. Arrastrando los pies y hablando solo, subía un hombre joven de unos veinte años. Movía sus brazos y se paraba gritando: «Si yo sé que estoy loco, no hace falta que me lo recordéis»; después miraba a los viandantes durante un tiempo en silencio. Pasé por su lado y me dio una profunda pena. Sentí miedo de caer en su misma situación. Me recordaba que yo también en algún momento podría estar en sus mismas circunstancias. Si no sabemos cortar las manías y las depresiones a tiempo y vivir profundamente el momento presente, corremos *peligro y se puede romper ese finísimo hilo del equilibrio del autocontrol. La atención puede desbocarse y atender sólo a la catástrofe obsesiva y desordenada. Felx ya quedaba en el pasado y tenía que olvidarlo, pero me había dejado una honda impresión.*

A primeros de noviembre de ese mismo año me desterraba a Santa Ángela con Merche y el 17 de julio me despidió.

No sabéis bien el choque traumático que produce verte en la calle. Todavía no se por qué me despidieron. No sé si fue porque fui lento haciendo unos dibujos en el ordenador, o por la repugnancia que le cogí a los diseños de punto de cruz, no sé..., pues me considero buen profesional y lo he demostrado a lo largo de todos los años que llevo en la profesión. Nunca nadie tuvo quejas de mi trabajo.

La verdad es que, en los últimos meses, me sentía deprimido, sin ilusión, totalmente desencantado. Sabía que era persona «non grata» para la empresa. Otro en mi lugar se hubiera marchado por su propio pie en busca de trabajo.

En septiembre hice frente a esta situación y con mi hermano José Francisco González fuimos visitando editoriales. Encontramos un encargo muy atractivo y desde entonces hasta la fecha dedicamos nuestro tiempo a escribir esta colección de libros de autoayuda para esta editorial, DM.

Mi libro *¡Despedido!: Empresas, el infierno de cada día* quiero publicarlo lo antes posible, pues necesito escribir una segunda parte. La circunstancias y hechos en la otra parte de la empresa, en Santa Ángela, donde casi todas eran mujeres, fue muy significativo y esperanzador para contemplar el mundo empresarial desde el sentimiento femenino. Nueve mujeres y tres hombres componíamos aquella plantilla. Me parecía estar en manos del destino que quería enseñarme otras posibilidades y esperanzas más sensibles y humanas para el futuro empresarial.

Despedida

A lo largo de este libro, no sé si doy la sensación de ser un pobre desgraciado; si es así, esa es la verdad por culpa de la depresión. Pero también soy muy feliz al tener en mis manos el control natural desde mí mismo para superar esos momentos difíciles que inevitablemente se presentan. Lo más maravilloso de mi vida actual es mi encuentro con la paz, el silencio interior y el control de todos mis sentimientos y emociones. La no violencia la practico como la filosofía más importante de mi vida y sus efectos son evidentes en mi familia. Vivir así es más saludable que estar envuelto en tensiones emocionales descontroladas. Que Dios o, lo que es lo mismo, la energía pura del universo me ayude a hacer su voluntad para el bien de la humanidad.

Si has resistido la lectura de este libro hasta el final, te doy las gracias y espero haberte ayudado en algo.

ÍNDICE

COLECCIÓN SUPERACIÓN PERSONAL

COLECCIÓN SUPERACIÓN PERSONAL

1. ANOREXIA
   Superar los problemas con la alimentación
   Autor: José Francisco González

2. SENTIRSE BIEN Y SER FELIZ
   La salud y la felicidad son un todo
   Autor: José Francisco González

3. LENGUAJE CORPORAL
   El lenguaje mudo del cuerpo
   Autor: José Francisco González

4. SER PADRES
   Aprende a ser un padre del siglo XXI
   Autor: José Francisco González

5. MEJORA TU AUTOESTIMA
   Fortalece tu confianza a través de la autoestima
   Autor: José Francisco González

6. Supérate a través del AUTOCONTROL
   Autor: José Francisco González

7. VENCER LA TIMIDEZ
   Ser más atrevido
   Autor: José Francisco González

8. POTENCIAR LA MEMORIA
   Consigue una memoria de elefante
   Autor: José Francisco González

9. Técnicas de estudio para
   SUPERAR EXÁMENES
   Autor: José Francisco González